Rápidas Comidas Familiares

Grupo Editorial Tomo, S.A. de C.V.,
Nicolás San Juan 1043,
03100 México, D.F.

PO Box 254, Carlton North, Victoria 3054 Australia
Food photography: Robert Monro, Warren Webb, Andrew Warn, William Meppem, Andrew Elton, Quentin Bacon, Gary Smith, Per Ericson
Food stylists: Ann Fayle, Susan Bell, Coty Hahn, Janet Lodge, Di Kirby
Recipe development: Ellen Argyriou, Di Kirby, Janet Lodge

Nicolás San Juan 1043, Col. Del Valle, 03100, México, D.F.
Tels. 5575-6615, 5575-8701 y 5575-0186 Fax. 5575-6695
http://www.grupotomo.com.mx
ISBN: 970-775-253-X
Miembro de la Cámara Nacional
de la Industria Editorial No 2961

Traducción: Ivonne Saíd Marínez
Diseño de portada: Trilce Romero
Formación tipográfica: Armando Hernández
Supervisor de producción: Silvia Morales Torres

Impreso en México - *Printed in Mexico*

Introducción

Todos añoramos la comida casera hecha como Dios manda: sopas suculentas, pastas y los platillos favoritos que nos dejan satisfechos, complementados con postres y una gran variedad de verduras frescas.

En Comida rápida para la familia encontrarás los favoritos de siempre. Ya que vivimos en una época en la que muy pocas veces come la familia junta, y el tiempo es un bien más preciado que las especias raras, este libro también contiene muchas ideas para preparar otras cosas, como botanas rápidas, ensaladas sencillas y sofisticadas, pasta y pizzas que se preparan en casa en menos tiempo del que tardamos en llamar para pedir comida rápida.

Contenido

Sopas, ensaladas y botanas

Estas recetas rápidas conforman el recetario Comida rápida para la familia. Y está perfecto, porque cuando se trata de niños todo es impredecible. Si llegan a la casa con sus amigos, agasájalos con tostadas de queso fundido y cebolla que se preparan en 10 minutos. Si llegaron tarde después del entrenamiento, consiéntelos con una sopa de verduras y ejotes sencilla pero deliciosa. Y si los adultos también tienen la costumbre de hacerte visitas inesperadas, sorpréndelos con pan tostado con jitomate, tres tipos de bruschettas o la mundialmente famosa ensalada Waldorf.

Sopa de verduras y ejotes

Tiempo de preparación: 15 minutos **Tiempo de cocción:** 25 minutos **Calorías:** 307 **Grasa:** 14 g

2 cucharadas de aceite de oliva
1 cebolla, finamente picada
2 dientes de ajo, machacados
1 papa, en cubos finos
1 zanahoria, en cubos finos
2 cucharaditas de semillas de comino
4 tazas de caldo de verduras
2 tallos de apio, finamente picados
1 zucchini grande, finamente picada
115 g de ejotes, en trozos de 2.5 cm
1 lata de 400 g de arvejas, escurridas
1 lata de 400 g de jitomates picados
pimienta negra, recién molida
55 g de queso cheddar, rallado

1. Calienta el aceite en una olla grande, agrega la cebolla, el ajo, la papa, la zanahoria y las semillas de comino. Cuece, sin tapar, durante 5 minutos, revolviendo de vez en cuando, hasta que se suavicen las verduras.
2. Incorpora el caldo, el apio y la zucchini, deja que suelte el hervor. Tapa y hierve a fuego bajo durante 10 minutos, o hasta que el apio y la zucchini estén tiernos.
3. Añade los ejotes, las arvejas, los jitomates y mucha pimienta. Hierve a fuego bajo, destapado, durante 5 minutos, o hasta que los ejotes estén tiernos. Sirve la sopa en tazones y espolvorea con el queso cheddar.

Porciones: 4

Nota: El comino le da un toque de sabor a esta sopa de verduras espolvoreada con queso. Usa tus verduras favoritas, pero córtalas del mismo tamaño para que se cuezan en el mismo periodo de tiempo.

Ensalada Waldorf con queso Leicester

Tiempo de preparación: 15 minutos **Calorías:** 240 **Grasa:** 14 g

170 g de col morada, finamente picada
4 tallos de apio, rebanados
145 g de queso Leicester rojo, en cubos de 1.5 cm
85 g de uvas rojas sin semilla, en mitades
2 manzanas rojas, descorazonadas y picadas
hojas de 1 lechuga romana
½ cucharadita de semillas de amapola

Aderezo

145 g de yogurt natural bajo en grasa
2 cucharadas de mayonesa baja en calorías
1 cucharadita de jugo de limón fresco o vinagre de vino blanco
pimienta negra

1 Para preparar el aderezo, revuelve el yogurt, la mayonesa, el jugo de limón o el vinagre y la pimienta.

2 En un tazón grande, mezcla la col, el apio, el queso Leicester, las uvas y las manzanas; revuelve con el aderezo.

3 Divide las hojas de lechuga en cuatro platos y encima sirve la ensalada de col con queso. Espolvorea con semillas de amapola antes de servir.

Porciones: 4

Nota: Esta ensalada está hecha con col morada, uvas, manzana y queso con un aderezo cremoso de limón. Si tienes poco tiempo, usa aderezo César ya preparado. El queso Leicester rojo es de cuerpo firme y textura como de hojaldre; puedes sustituirlo con queso cheddar añejo.

Ensalada caliente de pasta estilo mediterráneo

Tiempo de preparación: 10 minutos **Tiempo de cocción:** 15 minutos **Calorías:** 401 **Grasa:** 24 g

170 g de pasta en forma de concha
145 g de ejotes delgados, en mitades
4 cebollas de cambray, rebanadas
1 pimiento verde, sin semillas y picado
115 g de jitomates cherry, en mitades
1 aguacate grande maduro, a la mitad, sin hueso y sin cáscara
pimienta negra recién molida
hojas de albahaca fresca, para adornar

Aderezo

3 cucharadas de aceite de oliva o de girasol
1 cucharada de vinagre de vino blanco
1 cucharada de miel
1 cucharadita de mostaza Dijon

1 Para preparar el aderezo, coloca el aceite, el vinagre, la miel y la mostaza en una jarra con tapa de rosca y agita muy bien para revolver.

2 Cuece la pasta en forma de concha según las indicaciones del empaque. Cuando esté casi cocida, agrega los ejotes y cocina durante 2 minutos, o hasta que la pasta esté al dente y los ejotes se hayan suavizado. Escurre bien.

3 Coloca la pasta y los ejotes en un recipiente grande junto con las cebollas de cambray, el pimiento verde, los jitomates cherry, el aguacate y pimienta. Baña con el aderezo y revuelve bien. Adorna con la albahaca.

Porciones: 4

Nota: Sirve esta ensalada inmediatamente para que los ejotes y las cebollas de cambray estén crujientes y la pasta se conserve caliente. Pan de ajo es el acompañamiento perfecto.

Alas de pollo con naranja

Tiempo de preparación: 5 minutos + 10 minutos para marinar
Tiempo de cocción: 20 minutos **Calorías:** 458 **Grasa:** 25 g

- 12 alas de pollo
- 1 botella de 285 ml de salsa Hoisin o barbecue
- 3 naranjas
- 145 g de hojas verdes para ensalada
- 3 cebollas de cambray, rebanadas

1 Coloca las alas de pollo en un plato llano de vidrio o de cerámica y báñalas con la salsa. Exprime el jugo de una naranja y viértelo en la botella de salsa vacía, agítala para desprender los restos de salsa y baña el pollo. Voltea las alas, tápalas y refrigéralas durante 10 minutos, para que se marinen.

2 Precalienta la parrilla a temperatura alta. En una charola para horno, pon las alas de pollo en una sola capa y baña con la marinada, pero reserva un poco para bañarlas. Asa el pollo durante 20 minutos, volteándolo con frecuencia y rociándolo con la marinada que reservaste, hasta que se cueza la carne y la piel se carbonice.

3 Mientras, pela el resto de las naranjas y pártelas en gajos. Divide las hojas de ensalada en cuatro platos, acomoda los gajos de naranja y las cebollas de cambray, y encima coloca las alas de pollo calientes.

Porciones: 4

Nota: Reboza las alas de pollo en tu salsa barbecue favorita y ásalas, en minutos tendrás una rica botana. Saben aún mejor si las marinas una hora antes de cocerlas.

Pan tostado con jitomate y albahaca fresca

Tiempo de preparación: 10 minutos **Tiempo de cocción:** 15 minutos **Calorías:** 273 **Grasa:** 18 g

4 cucharadas de aceite de oliva
½ cucharadita de hierbas secas mixtas
pimienta negra
1 baguette de pan blanco en 12 rebanadas
8 jitomates bola
1 diente de ajo, machacado
30 g de jitomates deshidratados en aceite, escurridos y finamente picados
1 cucharadita de vinagre
1 cucharadita de azúcar
2 cucharadas de albahaca fresca, picada

1. Precalienta el horno. Revuelve 3 cucharadas de aceite con las hierbas secas y sazona bien. Barniza ambos lados de las rebanadas de pan con el aceite a las hierbas, y hornea durante 8 minutos, o hasta que estén ligeramente doradas y crujientes.
2. Mientras, pon los jitomates en un recipiente, cúbrelos con agua hirviendo y déjalos durante 30 segundos. Pélalos, quítales las semillas y pica la carne en trozos grandes.
3. Calienta el resto del aceite en una sartén y agrega el ajo, los jitomates picados, los jitomates deshidratados, el vinagre, el azúcar y la albahaca. Cocina, revolviendo de vez en cuando, durante 5 minutos, o hasta que se caliente bien. Retira de la estufa y sirve la mezcla de jitomate sobre los panes tostados, sazona y sirve.

Porciones: 4

Nota: Los jitomates y la albahaca son una deliciosa cubierta mediterránea para estos panes tostados a las hierbas. Agrégales una rebanada de queso mozzarella y dóralos a la parrilla, así tendrás una botana más completa.

Temperatura del horno 220° C, 425° F, Gas 7

Tostadas de queso con cebolla

Tiempo de preparación: 10 minutos **Tiempo de cocción:** 10 minutos **Calorías:** 363 **Grasa:** 24 g

30 g de mantequilla
1 cebolla morada, finamente picada
225 g de queso cheddar añejo, rallado
½ cucharadita de pimienta de cayena
1 pizca de salsa inglesa
3 cucharadas de sidra, cerveza o leche
4 rebanadas gruesas de pan blanco

1 Precalienta la parrilla a temperatura alta. Funde la mantequilla en una olla a fuego bajo, y fríe la cebolla durante 5 minutos o hasta que se suavice. Agrega el queso cheddar, la pimienta de cayena, la salsa inglesa y la sidra, cerveza o leche; deja que suelte el hervor, sin dejar de revolver. Cuando el queso se haya fundido, retira de la estufa.

2 Mientras, tuesta el pan por ambos lados. Divide la mezcla de queso cheddar entre las rebanadas de pan tostado y asa durante 3 minutos, o hasta que la cubierta empiece a dorarse.

Porciones: 4

Nota: A casi todo el mundo le encantan estas tostadas de queso. En esta versión, la pizca de salsa inglesa y el toque de sidra o cerveza acentúan el sabor fuerte del queso.

Bruschetta de jitomate, ajo y albahaca

Tiempo de preparación: 10 minutos **Tiempo de cocción:** 5 minutos **Calorías:** 135 **Grasa:** 1.4 g

1 hogaza de ciabatta o 1 baguette
2 dientes de ajo, en mitades

Cubierta de jitomate, ajo y albahaca
2 jitomates maduros, picados
1 diente de ajo, machacado
1 cucharada de albahaca, finamente picada
pimienta negra

1 Para preparar la base de la bruschetta, parte el pan en rebanadas gruesas y tuéstalo por ambos lados hasta que esté crujiente y dorado. Frota un lado de cada pan con el ajo.

2 Para preparar la cubierta de jitomate, ajo y albahaca, revuelve estos ingredientes y sírvelos sobre los panes tostados, espolvoréalos con pimienta negra.

Porciones: 8

Bruschetta de sardinas y ricotta

Tiempo de preparación: 10 minutos **Tiempo de cocción:** 5 minutos **Calorías:** 217 **Grasa:** 7.3 g

1 hogaza de ciabatta o 1 baguette
2 dientes de ajo, en mitades

Cubierta de sardinas y ricotta
115 g de queso ricotta
1 limón, la ralladura
1 cucharada de tomillo fresco, picado
2 latas de 115 g de sardinas, escurridas, en mitades y sin espinas
½ limón, en rebanadas muy finas

1 Para preparar la base de la bruschetta, parte el pan en rebanadas gruesas y tuéstalo por ambos lados hasta que esté crujiente y dorado. Frota un lado de cada pan con el ajo.

2 Para preparar la cubierta de sardinas y ricotta, en un recipiente coloca el queso, la ralladura de limón y el tomillo y revuelve. Unta los panes tostados con esta mezcla y encima sirve las sardinas y las rebanadas de limón.

Porciones: 8

Bruschetta de pimiento y alcaparras

Tiempo de preparación: 10 minutos **Tiempo de cocción:** 10 minutos **Calorías:** 173 **Grasa:** 5 g

1 hogaza de ciabatta o 1 baguette
2 dientes de ajo, en mitades

Cubierta de pimiento y alcaparras
1 pimiento amarillo, sin semillas
1 pimiento rojo, sin semillas
1 cucharada de piñones, tostados
1 cucharada de alcaparras
1 cucharada de vinagre balsámico
2 cucharaditas de aceite de oliva extra virgen
2 cucharadas de queso crema bajo en grasa

1 Para preparar la base de la bruschetta, parte el pan en rebanadas gruesas y tuéstalo por ambos lados hasta que esté crujiente y dorado. Frota un lado de cada pan con el ajo.

2 Para preparar la cubierta de pimiento y alcaparras, corta los pimientos en trozos grandes y ásalos, con la piel hacia arriba, en la parrilla precalentada a temperatura alta durante 2 minutos, o hasta que la piel se ampule y ennegrezca. Coloca en una bolsa de plástico y deja enfriar. Pélalos y córtalos en tiras. En un recipiente, revuelve los pimientos, los piñones, las alcaparras, el vinagre y el aceite.

3 Unta los panes tostados con el queso crema y encima sirve la mezcla de pimiento y alcaparras.

Porciones: 8

Sopa de chícharo y papa

Tiempo de preparación: 10 minutos **Tiempo de cocción:** 25 minutos **Calorías:** 128 **Grasa:** 3.3 g

- 4 papas (455 g aproximadamente), peladas y picadas
- 4 tazas de caldo de pollo bajo en sal
- 1 hoja de laurel
- 455 g de chícharos
- 2 ramitos grandes de albahaca
- 4 cucharadas de crema agria baja en grasa
- pimienta negra al gusto

1. Coloca las papas y el caldo en una olla grande y deja que hierva. Añade la hoja de laurel y hierve a fuego medio durante 15 minutos, o hasta que las papas estén tiernas.
2. Agrega los chícharos y la albahaca, deja hervir otros 5 minutos o hasta que los chícharos estén tiernos. Ten cuidado de no cocer en exceso o los chícharos perderán su color. Saca la hoja de laurel y la albahaca y tíralas a la basura.
3. En el procesador de alimentos, licua la sopa en tandas hasta que quede homogénea, regresa a la olla y vuelve a calentar.
4. Sirve la sopa en tazones y coloca una cucharada de crema agria en el centro de cada uno. Revuelve ligeramente con una brocheta para hacer un dibujo de espiral y sazona con pimienta.

Porciones: 6

Caldo de almeja y mejillones negros

Tiempo de preparación: 10 minutos **Tiempo de cocción:** 5 minutos **Calorías:** 250 **Grasa:** 1 g

- 45 ml de aceite vegetal
- 1 cebolla, finamente picada
- 2 cucharadas de pasta Tom Yum (pasta de camarón)
- 200 g de almejas, limpias y sin arena
- 200 g de mejillones negros, limpios
- 2 tazas de caldo de pollo
- 1 tallo de limoncillo, picado
- 1 limón, el jugo
- 1 cucharada de tallo y raíz de cilantro, finamente picados
- 1 cucharada de salsa de pescado tai
- 1 cucharada de hojas frescas de cilantro, en trozos grandes

1. Calienta el aceite en un wok o en una olla grande. Agrega la cebolla, la pasta Tom Yum, las almejas y los mejillones. Cocina a fuego bajo, tapado, durante 30 segundos.
2. Incorpora el caldo de pollo, el limoncillo, el jugo de limón, el tallo y la raíz de cilantro, la salsa de pescado tai y revuelve bien. Cocina hasta que se abran las conchas.
3. Añade las hojas frescas de cilantro y sirve en tazones para sopa.

Porciones: 6

Nota: Puedes comprar la pasta Tom Yum en tu tienda favorita de productos asiáticos.

Platillos con carne

Cuando se trata de carne, lo único que se le ocurre a algunas personas es chuletas o costillas; incluso los cocineros expertos ignoran algunas de las posibilidades que ofrece este alimento básico. El presente capítulo está dedicado a ampliar el horizonte de los amantes de la carne. Iniciamos con tres tipos sencillos de platillos fritos , después encontrarás tortas de papa con cerdo, garbanzos y tocino; después unas salchichas como nunca las habías visto; y para ya no alocarnos tanto, la familiar tortilla. Pero también hay combinaciones como ternera con limón, salvia y maicena. Ve por tus cuchillos para carne, estás a punto de iniciar una odisea.

Fideos y pimientos con carne de res

Tiempo de preparación: 15 minutos **Tiempo de cocción:** 12 minutos **Calorías:** 619 **Grasa:** 26 g

- 1 paquete de 225 g de fideos de huevo medianos
- 2 cucharadas de aceite vegetal
- 455 g de filete de paleta de res, en trozos de 1 cm
- 2 zanahorias, en juliana
- 1 pimiento rojo y 1 amarillo, sin semillas y en juliana
- 200 g de pak choi, rebanada u hojas enteras de espinaca baby
- 200 g de germen de soya
- 4 cebollas de cambray, en tiras
- 4 cucharadas de salsa de ostión
- 1 cucharada de salsa de soya oscura
- 2 cucharadas de miel
- ½ limón, la ralladura y el jugo
- pimienta negra recién molida

1 Cuece los fideos según las indicaciones del empaque, después escúrrelos bien. Mientras, calienta el aceite en un wok o en una sartén grande hasta que esté bien caliente. Agrega la carne y fríe durante 5 minutos, hasta que se dore bien de todos lados.

2 Añade la zanahoria y el pimiento, fríe durante 4 minutos o hasta que se suavicen. Incorpora la pak choi o espinaca, el germen de soya y la cebolla de cambray; cocina durante 1 minuto más.

3 Baja la flama y agrega los fideos escurridos, la salsa de ostión, la salsa de soya, la miel, la ralladura y el jugo de limón, y pimienta negra. Revuelve muy bien y fríe durante 2 minutos, o hasta que todos los ingredientes se calienten y la carne esté bien cocida.

Porciones: 6

Nota: Es un poco tardado picar todos los ingredientes para freírlos, pero el tiempo de cocción es mínimo. En esta receta se combinan lo agrio y lo dulce del limón y la miel, por lo que el resultado es soberbio.

Medallones de cerdo con salsa de champiñones

Tiempo de preparación: 10 minutos **Tiempo de cocción:** 25 minutos **Calorías:** 299 **Grasa:** 16 g

1 cucharada de aceite vegetal
4 medallones de paleta de cerdo, sin grasa
pimienta negra
perejil fresco picado, para adornar

Salsa

340 g de champiñones, rebanados
1 diente de ajo, machacado
1 cucharadita de páprika
1 taza de caldo de res
1 cucharada de mermelada de grosella roja
1 cucharada de puré de tomate
2 cucharaditas de maicena
2 cucharadas de crème fraîche semidesgrasada

1 Calienta el aceite en una sartén grande. Sazona los medallones de cerdo con la pimienta y fríelos durante 1 minuto de cada lado para que se doren, después cocínalos durante 5 minutos más de cada lado, o hasta que estén tiernos y bien cocidos. Sácalos de la sartén y consérvalos calientes.

2 Para preparar la salsa, coloca los champiñones y el ajo en la sartén y fríe durante 2 minutos, o hasta que se suavicen. Añade la páprika, el caldo de res, la mermelada de grosella y el puré de tomate. Deja que suelte el hervor, hierve a fuego bajo durante 5 minutos, o hasta que la salsa se reduzca un poco.

3 Revuelve la maicena con 1 cucharada de agua para hacer una pasta. Incorpora a la salsa y hierve a fuego bajo durante 2 minutos más, o hasta que espese la salsa.

4 Regresa los medallones de cerdo a la sartén, apaga la flama y agrega la crème fraîche. Sazona al gusto y sirve adornado con el perejil.

Porciones: 4

Nota: Estos medallones de cerdo se fríen rápido para que no se endurezcan y se sirven bañados con una salsa espesa de champiñones. La cucharada de mermelada de grosella le da un toque dulce.

Tortas de papa, tocino y cebolla

Tiempo de preparación: 15 minutos **Tiempo de cocción:** 30 minutos **Calorías:** 398 **Grasa:** 19 g

- 680 g de papas, peladas y ralladas
- 1 cucharada de mantequilla
- 2 cucharadas de aceite vegetal
- 1 cebolla, picada
- 6 tiras de tocino, sin grasa, en tiras de 1 cm
- 1 huevo mediano, batido
- 1 cucharada de harina
- 1 cucharada de perejil fresco, picado
- pimienta negra

1 Coloca las papas ralladas en una toalla de cocina y exprímelas para quitarles el exceso de agua. Calienta la mantequilla y 1 cucharada de aceite en una sartén de teflón; agrega la cebolla y el tocino y cocina durante 5-8 minutos, hasta que la cebolla se haya suavizado y el tocino esté bien cocido. Limpia la sartén.

2 Coloca las papas en un recipiente grande, añade la mezcla de cebolla y tocino junto con el huevo, el harina, el perejil y la pimienta. Calienta el resto del aceite en la sartén, agrega la mezcla de papa y con una cuchara de madera oprime para hacer una torta plana. Fríe a fuego bajo durante 10 minutos, o hasta que la base se dore.

3 Con cuidado, coloca la torta de papa en un plato grande, encima coloca otro plato grande y voltea la torta, de manera que el lado que no está frito quede abajo. Calienta el resto del aceite en la sartén y regresa la torta de papa con cuidado, con el lado crudo hacia abajo. Fríe a fuego bajo durante 10 minutos, o hasta que la base esté dorada y crujiente.

Porciones: 4

Nota: Estas deliciosas tortas de papa son muy crujientes por fuera, suaves por dentro y rellenas con crujientes pedacitos de tocino, ¿quién puede resistirse a comerlas? Sírvelas con ensalada mixta.

Pasta, queso azul y tocino al gratín

Tiempo de preparación: 10 minutos **Tiempo de cocción:** 20 minutos **Calorías:** 607 **Grasa:** 30 g

255 g de pasta en forma de concha
370 g de brócoli, en ramilletes chicos
30 g de mantequilla o margarina
30 g de harina
1 taza de leche semidesgrasada
1 cucharadita de mostaza inglesa
115 g de queso danés azul o Stilton, rallado
pimienta negra, recién molida
225 g de tocino ligeramente ahumado, en cubos
2 cucharadas de cebollín fresco, picado
3 cucharadas de queso parmesano recién rallado, opcional

1 Cuece la pasta en forma de concha según las indicaciones del empaque. Cuando esté casi cocida, agrega el brócoli y cuece durante 2 minutos, hasta que la pasta esté al dente y el brócoli suave. Escurre y regresa a la olla.

2 Mientras, funde la mantequilla o margarina en una olla a fuego bajo. Añade el harina y cocina durante 1-2 minutos, sin dejar de revolver. Retira de la estufa e incorpora la leche poco a poco, sin dejar de revolver hasta que esté homogénea. Regresa al fuego y deja que suelte el hervor; incorpora la mostaza, el queso danés o Stilton y pimienta. Hierve a fuego bajo, destapado, durante 5 minutos o hasta que espese.

3 Mientras, fríe el tocino en una sartén de teflón durante 5 minutos, sin dejar de revolver, o hasta que esté bien cocido. Incorpora a la salsa de queso junto con el cebollín. Precalienta la parrilla a temperatura alta. Agrega la salsa de queso a la pasta, revuelve bien y pasa a un refractario. Espolvorea con el queso parmesano, en su caso, y mete a la parrilla durante 5 minutos, o hasta que se dore.

Porciones: 4

Nota: El queso azul, el tocino y un poco de mostaza hacen que este platillo sea en absoluto desabrido. Si quieres darle un cambio, agrégale unas zanahorias ligeramente cocidas y champiñones.

Salchichas doradas

Tiempo de preparación: 10 minutos **Tiempo de cocción:** 25 minutos **Calorías:** 529 **Grasa:** 31 g

- 455 g de papas, en cubos de 1 cm
- 1 cucharada de aceite vegetal
- 1 cebolla, picada
- 4 tiras de tocino sin grasa y sin ahumar, en trozos de 1 cm
- 455 g de salchichas de hierbas, en rebanadas gruesas
- 115 g de champiñones, en cuartos
- 1 pizca de romero seco
- 1 lata de 400 g de jitomates picados
- 1 cucharada de salsa inglesa
- pimienta negra

1 Coloca las papas en una olla grande con agua hirviendo, y hierve a fuego lento, tapada, durante 5 minutos, o hasta que estén tiernas. Escurre bien.

2 Mientras, calienta el aceite en una sartén grande y fríe la cebolla y el tocino durante 5 minutos, revolviendo de vez en cuando, hasta que la cebolla se suavice y el tocino se cueza bien. Agrega las rebanadas de salchicha y cuece durante 5 minutos, revolviendo de vez en cuando, y después añade las papas, los champiñones y el romero. Cocina durante 5 minutos más, o hasta que las papas empiecen a dorarse.

3 Incorpora los jitomates a la mezcla de salchicha junto con la salsa inglesa y sazona. Cocina durante 5 minutos más, o hasta que la mezcla burbujee y todos los ingredientes estén cocidos.

Porciones: 4

Nota: Las salchichas de hierbas, el tocino y una generosa porción de salsa dan a este platillo un delicioso y fuerte sabor. Sirve acompañado de brócoli u otra verdura verde.

Carne de res con salsa de frijol negro

Tiempo de preparación: 15 minutos **Tiempo de cocción:** 15 minutos **Calorías:** 347 **Grasa:** 19 g

455 g de sirloin o filete, en tiras
1 diente de ajo, machacado
1 chile rojo chico, sin semillas y finamente picado, opcional
1 cucharada de salsa de soya oscura
pimienta negra, recién molida
2 cucharaditas de maicena
1 cucharada de vinagre de vino blanco
2 cucharadas de aceite vegetal
1 pimiento amarillo y 1 rojo, sin semillas y en tiras
1 zucchini grande, en juliana
145 g de arvejas, rebanadas
3 cucharadas de salsa de frijol negro
4 cebollas de cambray, rebanadas

1. En un recipiente, revuelve la carne, el ajo, el chile (en su caso), la salsa de soya y la pimienta. En otro recipiente, mezcla la maicena con 1 cucharada de agua hasta que se deshaga y después incorpora el vinagre.
2. Calienta el aceite en un wok o en una sartén grande hasta que esté bien caliente. Agrega la carne con su marinada y fríe durante 4 minutos, revolviendo constantemente, hasta que se dore bien de todos lados.
3. Añade los pimientos y fríe durante 2 minutos. Incorpora la zucchini y las arvejas, fríe durante 3 minutos. Baja la flama y agrega la mezcla de maicena y la salsa de frijol negro. Revuelve muy bien y cocina durante 2 minutos, o hasta que se cuezan la carne y las verduras. Espolvorea con las cebollas de cambray justo antes de servir.

Porciones: 4

Nota: La salsa de frijol negro sabe deliciosa con carne de res y es lo que le da el sabor a este platillo. Para seguir con el tema chino, puedes servirlo con fideos de huevo o arroz blanco.

Ternera con limón, salvia y polenta

Tiempo de preparación: 15 minutos **Tiempo de cocción:** 15 minutos **Calorías:** 286 **Grasa:** 9.1 g

2 tazas de caldo de pollo bajo en sal
1 taza de polenta instantánea
4 filetes grandes de ternera (rebanadas gruesas, sin hueso)
harina, para espolvorear
2 cucharaditas de aceite de oliva
2 cucharadas de margarina
85 ml de vino blanco seco
1 limón, la ralladura
3 cucharadas de jugo de limón
1 taza de habas, descongeladas
1 cucharada de alcaparras baby
1 cucharada de perejil fresco, picado
12 hojas de salvia, frescas
aceite de oliva en aerosol
1 cucharada de vinagre balsámico
3 jitomates, en rebanadas gruesas
pimienta negra

1 En una olla mediana, pon a hervir el caldo. Poco a poco, agrega la polenta y cocina a fuego medio durante 8 minutos, o hasta que empiece a desprenderse de las orillas de la olla. Tapa y conserva caliente.

2 Espolvorea los filetes con el harina y elimina el exceso. Calienta el aceite y la margarina en una sartén grande; añade los filetes y fríe a fuego medio hasta que estén bien dorados por ambos lados. Esto te llevará solamente 2 minutos por lado. Saca de la sartén y conserva calientes.

3 Agrega el vino a la sartén y deja que hierva, sin dejar de revolver para desprender los jugos que se que quedaron pegados en el fondo. Hierve hasta que se reduzca a la mitad. Incorpora la ralladura de limón, el jugo y las habas; hierve hasta que la salsa se reduzca y espese ligeramente. Regresa la carne al sartén y calienta. Añade las alcaparras y el perejil.

4 Rocía las hojas de salvia con un poco del aceite de oliva en aerosol y ásalas hasta que estén crujientes, colócalas sobre la carne.

5 Baña los jitomates con el vinagre y sazona con pimienta. Sirve la carne en la salsa de maicena con los jitomates al lado.

Porciones: 4

Carne de cerdo frita con calabaza dulce

Tiempo de preparación: 10 minutos **Tiempo de cocción:** 18 minutos **Calorías:** 546 **Grasa:** 27 g

2 cucharadas de curry rojo estilo tai, en pasta
2 cebollas, en rebanadas gruesas y separadas
2 cucharaditas de aceite vegetal
455 g de carne de cerdo magra, en tiras
455 g de calabaza amarilla pelada, en trozos de 2 cm
4 hojas de limón kaffir, picadas
1 cucharada de azúcar morena o de palma
2 tazas de leche de coco
1 cucharada de salsa de pescado tai (nam pla)

1. Coloca el curry en pasta en un wok y cocina, sin dejar de revolver, a fuego alto durante 2 minutos, o hasta que suelte el aroma. Agrega la cebolla y cocina durante 2 minutos más, o hasta que se suavice. Retira del wok y reserva.
2. Calienta el aceite en el wok, añade la carne de cerdo y fríe durante 3 minutos, o hasta que se dore. Saca la carne del wok y reserva.
3. Agrega al wok la calabaza, las hojas de limón, el azúcar, la leche de coco y la salsa de pescado; deja que suelte el hervor a fuego bajo y cocina durante 2 minutos. Incorpora la pasta de curry y cocina a fuego bajo durante 5 minutos más. Regresa la carne de cerdo a la sartén y cocina durante 2 minutos, o hasta que se caliente.

Porciones: 4

Carne de cerdo con ajo y pimienta

Tiempo de preparación: 5 minutos **Tiempo de cocción:** 8 minutos **Calorías:** 212 **Grasa:** 1.5 g

2 cucharaditas de aceite vegetal
4 dientes de ajo, rebanados
1 cucharada de granos de pimienta negra, machacados
455 g de carne de cerdo magra, en tiras
455 g de bok choy baby (col china), picada
4 cucharadas de hojas de cilantro, frescas
2 cucharadas de azúcar morena o de palma
2 cucharadas de salsa de soya clara
2 cucharadas de jugo de limón

1. Calienta el aceite en un wok o en una sartén a fuego medio, agrega el ajo y la pimienta y fríe durante 1 minuto. Añade la carne y fríe durante 3 minutos, o hasta que se dore.
2. Incorpora la bok choy, el cilantro, el azúcar, la salsa de soya y el jugo de limón; fríe durante 3-4 minutos, o hasta que el cerdo y la bok choy estén suaves.

Porciones: 4

Cerdo florentino con garbanzos

Tiempo de preparación: 15 minutos **Tiempo de cocción:** 20 minutos **Calorías:** 490 **Grasa:** 33 g

- 2 cucharadas de aceite de oliva
- 1 cebolla, finamente picada
- 1 diente de ajo, finamente picado
- 1 chile rojo chico, sin semillas y finamente rebanado
- 455 g de bisteces de lomo de cerdo, sin hueso, en tiras largas
- 4 cucharadas de vino blanco seco
- 1 cucharadita de semillas de hinojo
- 1 lata de 400 g de garbanzos, escurridos
- 225 g de espinacas baby
- 3 cucharadas de queso mascarpone o doble crema
- sal y pimienta negra

1 Calienta el aceite en una olla grande o en un wok. Fríe la cebolla durante 3-4 minutos, hasta que se suavice; después agrega el ajo y el chile, cocina durante 1 minuto más.

2 Añade las tiras de carne y cocina, sin dejar de revolver, a fuego medio-alto durante 5 minutos, o hasta que se dore y se cueza. Incorpora el vino y las semillas de hinojo, hierve a fuego bajo durante 3-4 minutos, sin dejar de revolver.

3 Agrega los garbanzos y luego las espinacas; cocina a fuego alto durante 3-4 minutos, hasta que se cueza la espinaca y se haya evaporado el líquido. Agrega el queso mascarpone o crema y sazona.

Porciones: 4

Nota: Fácil y rápido de hacer, este cremoso platillo de carne de cerdo obtiene un ligero sabor a anís gracias al hinojo. Los jugos son deliciosos, así que absórbelos con mucho pan o arroz.

Tacos con carne frita

Tiempo de preparación: 25 minutos **Tiempo de cocción:** 15 minutos **Calorías:** 400 **Grasa:** 3 g

4 tortillas grandes de harina o de maíz
1 cucharada de salsa de soya baja en sal
1 cucharada de caldo de pollo bajo en sal, o de agua
2 cucharaditas de miel
1 cucharadita de salsa Hoisin
1 cucharadita de aceite insaturado
3 cebollas de cambray, en trozos grandes de 3 cm
1 pieza de jengibre de 2 cm, picado
285 g de carne magra, como fajitas de res, sin grasa visible y en tiras
1 zanahoria, en tiras largas
1 pimiento verde, en tiras largas
½ daikon (rábano blanco) o 1 tallo de apio, en tiras largas
6-8 ejotes o espárragos frescos, a la mitad a lo largo
1 taza de radicchio o col morada, picada
1 taza de arvejas
yogurt natural bajo en grasa, opcional
2 cucharadas de semillas de ajonjolí, tostadas

1 Precalienta el horno. Envuelve las tortillas en papel aluminio y caliéntalas en el horno durante 5 minutos; no las calientes por mucho más tiempo o se tostarán. Otra opción es que las envuelvas en una toalla de cocina limpia y las calientes en el microondas a la máxima potencia (100%) durante 30-60 segundos.

2 En un recipiente chico, coloca la salsa de soya, el caldo o agua, la miel y la salsa Hoisin; revuelve todo muy bien y reserva.

3 Calienta el aceite en un wok o en una sartén de teflón a fuego medio. Agrega la cebolla y el jengibre, fríe durante 1 minuto. Añade la carne y fríe durante 3-4 minutos, o hasta que cambie de color. Incorpora la zanahoria, el pimiento, el daikón o apio, y los ejotes o espárragos. Fríe durante 2-3 minutos.

4 Agrega el radicchio o la col morada, las arvejas y la mezcla de salsa de soya. Revuelve, tapa y apaga la flama. Cuece al vapor durante 1-2 minutos.

5 Untas las tortillas con yogurt, en su caso. Coloca ¼ de la mezcla en cada tortilla, espolvorea con semillas de ajonjolí y enrolla con firmeza.

Porciones: 4 tacos

Temperatura del horno 180° C, 350° F, Gas 4

Platillos con aves

Cocinar para la familia es uno de los trabajos más exigentes que existe. Si comparas la cantidad de sabores y las demandas inflexibles de tus "clientes", es justo decir que muy pocos restauranteros se echan al ruedo. En este capítulo encontrarás recetas que te simplificarán la vida en la infinidad de eventos en los que esperan que tú seas la chef. ¿Se trata de una parrillada? Brochetas de pavo. ¿Noche de cine en casa? Piernas de pollo. ¿Chicos que se quedan a dormir? Bollos con pollo. ¿Reunión del grupo más escandaloso? Risotto verde con pollo. Ya es hora de que alguien te ayude en la cocina, y nos da mucho gusto que seamos nosotros.

Pechugas de pollo ácidas a la parrilla

Tiempo de preparación: 10 minutos + 10 minutos para marinar
Tiempo de cocción: 15 minutos **Calorías:** 253 **Grasa:** 9 g

- 1 cucharada de aceite vegetal
- 4 cucharadas de salsa catsup
- 1 cucharada de salsa inglesa
- 2 cucharadas de vinagre de vino blanco
- 2 cucharadas de azúcar morena clara u oscura
- pimienta negra, recién molida
- 4 pechugas de pollo, sin piel y sin hueso

1. En un plato llano de vidrio o de cerámica, revuelve el aceite, la catsup, el vinagre, el azúcar y pimienta. Con un cuchillo filoso, hazle cortes a las pechugas de pollo y mételas a la marinada, voltéalas para cubrirlas bien. Tapa y refrigera durante 10 minutos.
2. Precalienta la parrilla a temperatura alta. Pasa las pechugas de pollo a una charola para hornear, reserva la marinada, y asa durante 7-8 minutos. Voltéalas, báñalas con la marinada que reservaste y cocina durante 7-8 minutos más, hasta que se cuezan bien.

Porciones: 4

Nota: Ésta es una de esas recetas de emergencia, es deliciosa y se prepara rápido. Sirve acompañada de ensalada verde y jitomates asados o papas fritas.

Bollos de pollo con salsa de jitomate

Tiempo de preparación: 15 minutos **Tiempo de cocción:** 12 minutos **Calorías:** 382 **Grasa:** 14 g

2 pechugas de pollo grandes, sin piel, sin hueso y a la mitad horizontalmente
1 huevo mediano, batido
4 cucharadas de harina
pimienta negra, recién molida
1 cucharada de aceite vegetal
4 bollos para hamburguesa
mayonesa baja en calorías, opcional
hojas de lechuga, para servir

Salsa

2 jitomates
1 cebolla de cambray, finamente picada
2 cucharadas de cilantro fresco
1 cucharadita de jugo de limón fresco

1 Para preparar la salsa, coloca los jitomates en un tazón, cúbrelos con agua hirviendo y déjalos reposar 30 segundos. Pélalos, quítales las semillas y pica la carne. Revuelve con la cebolla de cambray, el cilantro y el jugo de limón; sazona y reserva.

2 Coloca cada pieza de pollo entre dos 2 plásticos y aplánalas con el rodillo hasta que queden del mismo espesor. Pon el huevo en un plato llano. En otro plato, revuelve el harina con pimienta.

3 Baña las piezas de pollo en el huevo por ambos lados y después rebózalas en el harina sazonada. Calienta el aceite en una sartén de teflón y cocina el pollo enharinado durante 5-6 minutos de cada lado, hasta que se dore y esté bien cocido.

4 Abre los bollos y unta las bases con mayonesa, en su caso, y acomoda las hojas de lechuga, las piezas de pollo y la salsa encima. Coloca las tapaderas de los bollos.

Porciones: 4

Nota: Estas hamburguesas van acompañadas de salsa ácida y mayonesa baja en calorías. Saben delicioso y son una versión sana de la comida favorita de los niños.

Pollo al curry con ensalada de papa

Tiempo de preparación: 15 minutos **Tiempo de cocción:** 20 minutos **Calorías:** 413 **Grasa:** 19 g

455 g de papas, en cubos de 1 cm
3 pechugas de pollo sin piel y sin hueso, en rebanadas de 1 cm
1 cebolla morada, finamente picada
2 cucharadas de curry suave en polvo
2 cucharadas de aceite vegetal
400 g de hojas mixtas para ensalada
1 pimiento amarillo, sin semillas y en tiras
½ pepino, en tiras

Aderezo

6 cucharadas de mayonesa baja en calorías
½ limón, el jugo
1 chile verde chico, sin semillas y finamente picado
pimienta negra

1 Coloca las papas en una olla grande con agua hirviendo, hierve a fuego lento, tapada, durante 5 minutos o hasta que estén tiernas. Escurre bien.

2 Mientras, pon las rebanadas de pollo en un tazón junto con la cebolla, el curry en polvo y 1 cucharada de aceite; revuelve bien. Divide las hojas de ensalada en cuatro platos y encima sirve el pimiento amarillo y el pepino.

3 Para preparar el aderezo, revuelve la mayonesa con el jugo de limón y el chile; sazona y reserva.

4 Calienta el resto del aceite en una sartén grande y agrega el pollo. Cocina durante 10 minutos, revolviendo de vez en cuando, hasta que esté suave y bien cocido.

5 Añade las papas al pollo y cocina durante 5 minutos, volteando con frecuencia, hasta que ambos ingredientes se doren ligeramente. Sirve en los platos y baña con el aderezo.

Porciones: 4

Nota: El pollo al curry siempre es bien recibido y en este maravilloso platillo se combina una versión caliente con papas fritas y verduras crujientes. Un aderezo de limón picante complementa la comida.

Risotto verde con pollo

Tiempo de preparación: 10 minutos **Tiempo de cocción:** 30 minutos **Calorías:** 507 **Grasa:** 20 g

- 30 g de mantequilla
- 2 cucharadas de aceite de oliva
- 2 cebollas, finamente picadas
- 1 diente de ajo, machacado
- 2 pechugas de pollo, sin piel y sin hueso, en cubos de 1 cm
- 225 g de arroz risotto
- 55 ml de vino blanco, opcional
- 4 tazas de caldo de pollo
- 145 g de hojas de espinaca baby
- 4 cucharadas de perejil fresco, picado
- 45 g de queso parmesano, rallado

1 Calienta la mantequilla en una olla grande; fríe la cebolla, el ajo y el pollo durante 5 minutos, o hasta que adquieran un poco de color. Agrega el arroz y revuelve bien para que los granos se bañen en aceite. Si vas a usar el vino, incorpóralo al arroz y deja hervir durante 1 minuto, para que se evapore el alcohol.

2 Añade el caldo poco a poco, revuelve constantemente y asegúrate de que cada adición se absorba antes de incorporar la siguiente. Después de 20 minutos, verifica que el arroz esté cocido, debe estar suave pero firme. Agrega las espinacas y el perejil, calienta bien hasta que las espinacas se cuezan. Espolvorea con queso parmesano.

Porciones: 4

Nota: Las espinacas y el perejil le dan un color estupendo a este platillo. Este risotto no tiene nada de difícil; todo saldrá bien mientras no dejes de incorporar líquido suficiente para que se cueza el arroz.

Brochetas de pavo y verduras a la menta

Tiempo de preparación: 10 minutos + 10 minutos para marinar
Tiempo de cocción: 20 minutos **Calorías:** 268 **Grasa:** 9 g

- 2 cucharadas de aceite vegetal
- 5 cucharadas de jalea de menta
- 1 diente de ajo, machacado
- ½ limón, el jugo y la ralladura
- pimienta negra, recién molida
- 400 g de bisteces de pavo, en tiras de 2.5 cm
- 2 zucchinis, en 8 pedazos cada una
- 2 pimientos rojos chicos, sin semillas y en 8 pedazos cada uno

1 En una olla, coloca el aceite, la jalea de menta, el ajo, el jugo y la ralladura de limón; calienta hasta que se deshaga la jalea. Sazona y vierte en un recipiente llano de vidrio o cerámica; agrega las tiras de pavo, las zucchinis y los pimientos rojos, revuelve bien. Tapa y marina en el refrigerador durante 10 minutos.

2 Precalienta la parrilla a temperatura alta. Inserta las tiras de pavo en ocho brochetas chicas o cuatro grandes, alternando el pavo con las verduras. Reserva la marinada para barnizar.

3 Coloca las brochetas en una charola para horno grande y asa durante 15 minutos, volteando con frecuencia y barnizando con la marinada que reservaste, hasta que se cueza el pavo y se suavicen las verduras.

Porciones: 4

Nota: La marinada de limón y menta transforma a estas tiras de pavo. Puedes preparar este platillo con algunas horas de anticipación y dejar marinando el pavo. Sirve con papitas.

Pollo con salsa cremosa de albahaca

Tiempo de preparación: 5 minutos **Tiempo de cocción:** 16 minutos **Calorías:** 374 **Grasa:** 8 g

3 cucharadas de harina
sal y pimienta recién molida
4 pechugas de pollo, de 200 g cada una
1 cucharada de aceite de oliva
1 cucharada de mantequilla

Salsa cremosa de albahaca
1 cucharada de mantequilla
2 dientes de ajo, machacados
½ taza de caldo de pollo
½ taza de crema
55 ml de jugo de limón
2 cucharadas de albahaca, finamente picada
pimienta recién molida
sal de mar

1 En un tazón, revuelve el harina con pimienta y sal, reboza el pollo en ella de manera uniforme y elimina el exceso.

2 Calienta el aceite y la mantequilla en una sartén, agrega el pollo y cocina, a fuego medio, durante 5-6 minutos de cada lado. Saca de la sartén y conserva caliente.

3 Para preparar la salsa cremosa de albahaca, limpia la sartén y calienta la mantequilla; agrega el ajo y cocina durante 2 minutos. Incorpora el caldo de pollo, la crema y el jugo de limón; deja que suelte el hervor y que se reduzca un poco.

4 Justo antes de servir, añade la albahaca, sazona con sal y pimienta y sirve el pollo con la crema.

Porciones: 4

Piernas de pollo fritas estilo sureño

Tiempo de preparación: 8 minutos **Tiempo de cocción:** 30 minutos **Calorías:** 703 **Grasa:** 8.2 g

- 900 g de piernas de pollo
- 1½ tazas de harina
- 1 cucharadita de sal y pimienta
- 2 huevos
- ⅓ de taza de leche
- ½ taza de aceite vegetal

1 Enjuaga las piernas de pollo y sécalas con toallas de papel. Si es necesario, alisa la piel de las piernas. En un plato plano forrado con papel, revuelve el harina con la sal y la pimienta. Bate los huevos con la leche en un plato hondo.

2 Reboza las piernas de pollo en el harina y después en el huevo, voltea para que se cubran por todos lados. Vuelve a meter el pollo en el harina, levanta el extremo del papel para que el harina caiga en las piezas y reboza para cubrir bien. Coloca las piernas de pollo en una sola capa en una charola plana y limpia.

3 Calienta el aceite en una sartén. Agrega las piernas de pollo y fríe durante unos minutos de cada lado, hasta que empiecen a adquirir color. Baja la flama, tapa la sartén y cocina el pollo lentamente durante 20 minutos, volteando a los 10 minutos.

4 Quita la tapadera y sube la flama. Continúa cocinando las piernas de pollo hasta que se doren y estén crujientes, voltéalas con frecuencia. Sácalas de la sartén y escurre sobre toallas de papel. Sirve calientes acompañadas con verduras.

Porciones: 4

Pollo salteado con salsa de yogurt y cítricos

Tiempo de preparación: 5 minutos **Tiempo de cocción:** 12 minutos **Calorías:** 545 **Grasa:** 1.8 g

2 filetes de pechuga de pollo, sin piel
sal y pimienta al gusto
aceite de oliva en aerosol
2 cucharadas de curry suave en pasta
½ taza de mermelada de naranja
2 cucharadas de jugo de limón
200 g de yogurt natural bajo en grasa

1 Abre los filetes y aplánalos, todo el pollo debe tener el mismo espesor, y espolvorea con sal y pimienta. Calienta una sartén de teflón y rocíala ligeramente con el aceite de oliva en aerosol. Agrega las pechugas de pollo y fríelas durante 4 minutos de cada lado. Saca de la sartén y conserva calientes.

2 En la misma sartén, añade el curry en pasta y revuelve hasta que se caliente. Incorpora la mermelada y el jugo de limón. Retira del fuego y agrega el yogurt hasta que la mezcla esté homogénea, después vuelve a calentar. Coloca el pollo en platos calientes y baña con la salsa. Sirve inmediatamente acompañado con zucchinis al vapor.

Porciones: 2

Platillos con pescados y mariscos

Sabor, textura, matiz, versatilidad y, por supuesto, nutrición incomparable. Los mariscos tienen mucho que ofrecer, así que no te sorprendas si las hojas de esta sección son las primeras en desprenderse. Hamburguesas de pescado estilo tai para aromatizar tu hogar; fideos Singapur para invertir tu presupuesto destinado a entretenimiento; gruesos y suculentos filetes de salmón para que comer sano se convierta en tu pasatiempo favorito, y bacalao al horno para que te convenzas de mudarte a ese pueblito pesquero de ensueño que viste en la televisión. El mar llama con fuerza e insistencia, ¡así que levanta las amarras y zarpa hacia la aventura!

Bacalao al horno con cubierta de hierbas

Tiempo de preparación: 15 minutos **Tiempo de cocción:** 20 minutos **Calorías:** 324 **Grasa:** 13 g

- 3 cucharadas de aceite vegetal, aceite adicional para engrasar
- 115 g de pan molido blanco, fresco
- 1 limón, el jugo y la ralladura
- 4 cucharadas de perejil fresco, picado
- 2 cucharadas de cebollín fresco, picado
- 1 cucharadita de mostaza Dijon
- 1 cucharada de jengibre fresco, rallado
- pimienta negra, recién molida
- 4 filetes de bacalao sin piel, de 170 g cada uno

1. Precalienta el horno. Engrasa ligeramente una charola para horno o un refractario. Revuelve el pan molido con la ralladura de limón, el perejil, el cebollín, la mostaza, el jengibre y el aceite; sazona.
2. Coloca los filetes de bacalao en la charola o el refractario, baña con el jugo de limón y sazona. Divide la cubierta entre los filetes, presionando con firmeza.
3. Hornea durante 20 minutos, o hasta que se cueza el pescado y la cubierta esté dorada y crujiente.

Porciones: 4

Nota: El perejil, el cebollín, el limón y el jengibre le dan sabor a esta crujiente cubierta de pan molido sobre suculentos filetes de bacalao. Sirve este platillo con jitomate y papas a la francesa.

Temperatura del horno 200° C, 400° F, Gas 6

Tortas crujientes de salmón

Tiempo de preparación: 15 minutos **Tiempo de cocción:** 10 minutos **Calorías:** 283 **Grasa:** 13 g

455 g de salmón rosa, enlatado
3 cebollas de cambray, finamente picadas
100 g de pan molido blanco, fresco
3 cucharadas de perejil fresco, picado
2 cucharaditas de alcaparras, escurridas y finamente picadas
1 cucharada de salsa de rábano picante
1 huevo mediano, batido
1 cucharada de jugo de limón
1 cucharada de aceite vegetal, aceite vegetal adicional, para barnizar
pimienta negra, recién molida
rebanadas de limón, para servir

1 Escurre el salmón, quítale la piel y las espinas, y desmenúzalo en un tazón. Revuélvelo con la cebolla de cambray, el pan molido, el perejil, las alcaparras, la salsa de rábano picante, el huevo, el jugo de limón y el aceite; sazona y mezcla bien. Divide la mezcla en cuatro y haz las tortas.

2 Precalienta la parrilla temperatura alta. Engrasa una charola, coloca las tortas en ella y barnízalas ligeramente con aceite. Asa durante 4-5 minutos, voltéalas, barniza con aceite y asa durante 5 minutos más, o hasta que las tortas se cuezan bien y se doren ligeramente. Sirve con rebanadas de limón.

Porciones: 4

Nota: Estas tortas tienen la cantidad suficiente de salsa de rábano picante para darles sabor, sin eliminar el sabor sutil del salmón. Sirve acompañadas con ensalada, papas fritas y salsa tártara.

Filetes de salmón estilo oriental

Tiempo de preparación: 5 minutos + 10 minutos para marinar
Tiempo de cocción: 8 minutos **Calorías:** 426 **Grasa:** 16 g

- 4 filetes de salmón, sin piel
- 2 cucharadas de aceite vegetal
- 2 cucharadas de salsa de soya clara
- 2 cucharadas de miel
- 30 g de jengibre en conserva, escurrido y finamente picado
- 2 cebollas de cambray, en tiras largas
- ½ limón, el jugo y la ralladura
- pimienta negra, recién molida
- rebanadas de limón, para servir

1. Coloca los filetes de salmón en un plato llano de vidrio o cerámica. Revuelve el aceite con la salsa de soya, la miel, el jengibre, las cebollas de cambray, la ralladura y el jugo de limón, y pimienta. Agrega los filetes y voltéalos para cubrirlos bien; tapa y marina en el refrigerador durante 10 minutos, o 1 hora si tienes tiempo.
2. Precalienta la parrilla a temperatura alta. Engrasa ligeramente una charola para horno. Saca los filetes y las cebollas de cambray de la marinada y colócalos en la charola.
3. Barniza los filetes con un poco de marinada y asa durante 3 minutos. Voltéalos, barnízalos con más marinada y ásalos durante 3-5 minutos, hasta que se cuezan bien. Sirve con rebanadas de limón.

Porciones: 4

Nota: *Jengibre, limón y miel son una marinada fabulosa para el salmón. Los sabores agridulces les gustan a niños y adultos. Sirve con arvejas.*

Arroz al curry con abadejo ahumado

Tiempo de preparación: 15 minutos **Tiempo de cocción:** 25 minutos **Calorías:** 516 **Grasa:** 12 g

340 g de abadejo ahumado, en 3 piezas
1 cucharada de aceite de oliva
30 g de mantequilla
1 cebolla, picada
2 tallos de apio, rebanados
1 chile verde, sin semillas y finamente picado
½ cucharadita de azafrán de las Indias molido
1 cucharada de curry suave en polvo
285 g de arroz basmati
4 tazas de caldo de pescado
4 jitomates
1 lata de 400 g de garbanzos, escurridos
85 g de chícharos
4 cucharadas de perejil fresco, picado
pimienta negra
rebanadas de limón, para servir

1. Coloca el abadejo en una olla y cúbrelo con agua hirviendo. Hierve a fuego lento, tapado, durante 3-4 minutos, hasta que la carne empiece a desprenderse de la piel. Saca el pescado y resérvalo. Tira el líquido de la cocción o úsalo en lugar de agua para preparar el caldo.
2. Calienta el aceite y la mantequilla en una sartén grande. Fríe la cebolla, el apio y el chile durante 5 minutos, o hasta que se suavicen. Agrega el azafrán de las Indias, el curry en polvo, el arroz y el caldo. Hierve a fuego lento, tapado, durante 10 minutos o hasta que se haya absorbido casi todo el caldo, revolviendo de vez en cuando.
3. Mientras, coloca los jitomates en un recipiente, cúbrelos con agua hirviendo y déjalos reposar 30 segundos. Pélalos, quítales las semillas y parte la carne. Desmenuza el pescado y tira la piel y las espinas. Incorpora al arroz junto con el jitomate, los garbanzos, los chícharos, el perejil y pimienta. Cocina, destapado, durante 5 minutos o hasta que todo esté suave. Sirve con las rebanadas de limón.

Porciones: 4

Nota: Una pizca de curry le da más sabor al abadejo ahumado sin que quede muy picante para los niños. Pan crujiente y ensalada mixta es todo lo que necesitas para acompañarlo.

Mejillones en salsa blanca

Tiempo de preparación: 12 minutos **Tiempo de cocción:** 10 minutos **Calorías:** 173 **Grasa:** 6 g

30 g de mantequilla
1 cebolla, picada
115 g de champiñones, rebanados
55 g de tocino, en cubos
1 tallo de apio, rebanado
55 ml de vino blanco
900 g de mejillones, limpios
200 ml de doble crema

1. Coloca la mantequilla, la cebolla, los champiñones, el tocino y el apio en una olla a fuego medio y cocina durante 3 minutos.
2. Agrega los mejillones y el vino blanco. Cocina hasta que los mejillones se abran, revolviendo con frecuencia.
3. Añade la crema y cocina durante 1 minuto más. Sirve inmediatamente.

Porciones: 3-4

Vieiras con salsa de mango

Tiempo de preparación: 8 minutos **Tiempo de cocción:** 2 minutos **Calorías:** 27 **Grasa:** 1 g

16 vieiras en medias conchas
pimienta negra, recién molida

Salsa de mango

1 mango, pelado y picado
1 cucharada de menta fresca, picada
1 cucharada de jugo de limón
2 cucharadas de ajonjolí, tostado

1 Para preparar la salsa, coloca el mango, la menta, el jugo de limón y el ajonjolí en un tazón chico y revuelve bien. Tapa y refrigera hasta que vayas a usar.

2 Pon a hervir agua en una olla grande. Agrega las vieiras y cocina durante 1 minuto, o hasta que estén suaves. Con una espumadera, saca las vieiras del agua y colócalas en un platón. Sirve frías o calientes, sazonadas con pimienta negra y con salsa de mango.

Porciones: 16

Fideos con camarones y jamón

Tiempo de preparación: 35 minutos **Tiempo de cocción:** 10 minutos **Calorías:** 534 **Grasa:** 17 g

- 225 g de fideos para freír
- 3 cucharadas de aceite vegetal
- 1 chile rojo, sin semillas y finamente picado
- 2 cucharadas de vinagre de vino blanco
- 1 cucharada de azúcar
- 1 pimiento rojo, sin semillas y finamente rebanado
- 170 g de champiñones, rebanados
- 225 g de jamón cocido, en tiras
- 100 g de chícharos congelados
- 1 lata de 225 g de castañas de agua, escurridas y en mitades
- 225 g de camarones crudos y pelados
- 4 cebollas de cambray, finamente rebanadas

1 Cuece los fideos según las indicaciones del empaque y escúrrelos. Calienta el aceite en un wok grande o en una sartén hasta que esté bien caliente.

2 Agrega el chile, el vinagre y el azúcar; cocina durante 1-2 minutos, revolviendo constantemente, para que suelten los sabores. Añade el pimiento y los champiñones, fríe durante 3 minutos o hasta que se suavicen las verduras.

3 Agrega el jamón, los chícharos, las castañas de agua y los camarones; fríe durante 2-3 minutos, hasta que los camarones adquieran un tono rosado. Añade las cebollas de cambray y los fideos. Cocina durante 1 minuto, revolvienco, o hasta que los camarones se cuezan bien y todo esté caliente.

Porciones: 4

Nota: Este colorido platillo oriental es una mezcla irresistible de fideos y camarones con chile. Puedes agregarle un poco más de sabor si le exprimes un poco de jugo de limón justo antes de servir.

Rollos de pescado al vapor con vinagreta de jitomate

Tiempo de preparación: 20 minutos + 30 minutos para enfriar
Tiempo de cocción: 10 minutos **Calorías:** 363 **Grasa:** 15 g

4 filetes de pescado blanco, sin espinas y sin piel, 680 g aproximadamente
2 cucharadas de aceite de semilla de uva
2 dientes de ajo, machacados
6 cebollas de cambray, picadas
1 taza de pan molido integral, fresco
½ taza de hojas de albahaca frescas, picadas
1 taza de perejil italiano fresco, picado
1 cucharadita de ralladura de limón
2 cucharadas de jugo de limón
1 taza de jugo de tomate
2 cucharadas de vinagre de vino blanco
1 cucharada de azúcar morena

1. Corta los filetes de pescado a la mitad a lo largo, siguiendo la línea natural del centro.
2. Calienta 1 cucharada de aceite en una sartén grande de teflón; agrega el ajo y las cebollas de cambray, cocina a fuego medio durante 3 minutos, o hasta que se suavicen las cebollas de cambray. Vacía en el procesador de alimentos junto con el pan molido, la mitad de la albahaca, la mitad del perejil, la ralladura y el jugo de limón. Procesa para revolver.
3. Divide el relleno en ocho porciones iguales y enróllalas en forma oblonga. Pon una pieza en el extremo de cada pieza de pescado y enrolla para que no se salga el relleno. Cierra con un palillo o con un hilo. Tapa y refrigera durante 30 minutos.
4. Pica finamente el resto de la albahaca y del perejil y ponlos en una sartén junto con el jugo de tomate, el vinagre y el azúcar. Cocina a fuego bajo hasta que se calienten.
5. Coloca los rollos de pescado en una vaporera de bambú grande forrada con papel encerado. Tapa y calienta a baño maría, en un wok con agua hirviendo a fuego lento, sin que la base de la vaporera toque el agua. Cuece al vapor durante 10 minutos, o hasta que el pescado esté suave y el relleno bien caliente.
6. Sirve los rollos de pescado bañados con la vinagreta de jitomate y acompañados de ensalada verde crujiente.

Porciones: 4

Hamburguesas de pescado estilo tai

Tiempo de preparación: 15 minutos **Tiempo de cocción:** 20 minutos **Calorías:** 358 **Grasa:** 8.2 g

455 g de filetes de pescado rojo, sin espinas
2-3 cucharadas de curry rojo en pasta
115 g de ejotes, finamente rebanados
4 hojas de limón kaffir, finamente picadas
8 hojas de albahaca, finamente picadas
1 cucharada de aceite de soya
4 bollos de trigo entero, en mitades
115 g de berros, lavados
1 pepino, en rebanadas muy finas
1 zanahoria, en rebanadas muy finas

Aderezo

1 cucharada de salsa dulce de chile
1 cucharada de jugo de limón
1/3 de taza de yogurt natural bajo en grasa

1 Coloca el pescado en el procesador de alimentos con el curry en pasta y procesa hasta que se forme una masa homogénea. Pasa la pasta de pescado a un tazón y agrega los ejotes, las hojas de limón y la albahaca; revuelve muy bien. Con la mezcla, haz cuatro hamburguesas ligeramente planas.

2 Calienta el aceite en una sartén grande de teflón y cocina las hamburguesas a fuego medio durante 15 minutos, voltéalas una vez, o hasta que se cuezan bien.

3 Tuesta los bollos y pon berros, pepino y zanahoria en cada base, encima ponles una hamburguesa de pescado.

4 Para preparar el aderezo, pon la salsa de chile dulce, el jugo de limón y el yogurt en un tazón, bate con el batidor de globo para revolver.

5 Con una cuchara, sirve el aderezo y tapa las hamburguesa con la otra pieza de pan.

Porciones: 4

Espagueti con calamares y cilantro

Tiempo de preparación: 10 minutos **Tiempo de cocción:** 25 minutos **Calorías:** 599 **Grasa:** 6 g

455 g de calamares, limpios y en aros
455 g de espagueti o vermicelli
2 cucharaditas de aceite de oliva
1 cebolla morada, en cubos finos
1 diente de ajo, machacado
4 jitomates, sin semillas y en cubos
½ taza de aceitunas negras sin hueso, enjuagadas, escurridas y rebanadas
¼ de taza de caldo de pollo o pescado bajo en sal
¼ de taza de vino blanco seco
1 taza de cilantro fresco, picado
3 cucharadas de menta fresca, picada
pimienta negra, recién molida

1 Pon a hervir agua en una olla grande. Con una espumadera o una canasta de alambre, mete los calamares al agua con cuidado. Cuece durante 5-10 minutos, o hasta que se pongan blancos y estén firmes. Escúrrelos y sumérgelos en agua helada. Vuelve a escurrirlos y resérvalos.

2 Pon a hervir otra olla con agua, agrega la pasta y cuécela según las indicaciones del empaque.

3 Mientras, coloca el aceite, la cebolla y el ajo en una sartén de teflón a fuego medio. Cocina, sin dejar de revolver, durante 3-4 minutos, o hasta que se suavice la cebolla. Agrega el jitomate, las aceitunas, el caldo y el vino. Deja que suelte el hervor a fuego bajo y hierve durante 5 minutos. Añade el cilantro, la menta, los calamares y pimienta al gusto. Cocina durante 1-2 minutos, o hasta que se caliente bien.

4 Escurre la pasta, agrégale la mezcla de calamar y revuelve bien.

5 Para servir, divide la pasta en cuatro tazones. Acompaña con pan italiano crujiente y ensalada verde.

Porciones: 4

Platillos con verduras

Verduras. ¿Quién tiene tiempo, o la resistencia, para comer siete porciones al día? Pero los expertos dicen que es la clave para tener una vida sana. Con esta idea en mente, se nos ocurrieron algunas ideas cuyo objetivo es que te brinden la máxima salud con el menor alboroto, y con mucho más estilo y sabor de lo que esperas. Desde pasta, pizza, frittata y tortilla hasta platillos fritos, fideos y crepas. En esta sección encontrarás una buena variedad de platillos con verduras con los que vencerás la resistencia, eliminarás la indiferencia y dejarán a ti y a tu familia fuertes y sanos. Para nosotros es "salud furtiva", para ti será un milagro.

Tortillas de queso al horno con frijoles

Tiempo de preparación: 20 minutos **Tiempo de cocción:** 25 minutos **Calorías:** 796 **Grasa:** 28 g

- 1 cucharada de aceite de oliva
- aceite de oliva adicional, para engrasar
- 1 diente de ajo, machacado
- 1 cebolla morada, finamente picada
- 1 pimiento rojo grande, sin semillas y picado
- 6 jitomates saladet
- 2 latas de 400 g de frijoles rojos, escurridos
- 1 cucharadita de salsa de chile o Tabasco
- 2 cucharadas de cilantro fresco, picado
- pimienta negra
- 115 g de queso cheddar, rallado
- 8 tortillas de trigo, grandes

1 Precalienta el horno. Engrasa ligeramente un refractario con aceite. Calienta el aceite en una sartén y fríe el ajo, la cebolla y el pimiento durante 5 minutos, o hasta que se suavicen, revolviendo de vez en cuando.

2 Coloca los jitomates en un tazón, cúbrelos con agua hirviendo y déjalos reposar durante 30 segundos. Pélalos, quítales las semillas y pícalos. Agrega el jitomate a la mezcla de cebolla junto con los frijoles, la salsa de chile o Tabasco, el cilantro y pimienta. Cocina durante 2-3 minutos para que se caliente bien, retira del fuego y revuelve ligeramente con un tenedor.

3 Espolvorea la mitad del queso cheddar en el centro de las tortillas y ponles el relleno. Dobla el borde de cada tortilla para tapar el relleno y después enrolla. Coloca las tortillas, con el doblez hacia abajo, en el refractario. Espolvorea con el resto del queso cheddar y hornea durante 15 minutos, o hasta que se doren.

Porciones: 4

Nota: La comida en rollos tiene cierto atractivo, y a la mayoría de los niños les encanta la tortilla. Sirve los tacos acompañados de lechuga picada y una pizca de crema agria.

Temperatura del horno 190° C, 375° F, Gas 5

Frittata de zucchini, pimiento y elote

Tiempo de preparación: 15 minutos **Tiempo de cocción:** 25 minutos **Calorías:** 285 **Grasa:** 18 g

- 2 cucharadas de aceite
- 1 cebolla, picada
- 2 dientes de ajo, machacados
- 3 zucchinis, rebanadas
- 1 pimiento rojo y 1 amarillo, sin semillas y rebanados
- 1 lata de 115 g de granos de elote, escurridos
- 6 huevos medianos
- 2 cucharadas de perejil fresco, picado
- 2 cucharadas de albahaca fresca, picada
- ¼ de cucharadita de pimienta de cayena
- pimienta negra

1 Calienta el aceite en una sartén grande con agarradera a prueba de fuego. Agrega la cebolla, el ajo, la zucchini y los pimientos; fríelos durante 10 minutos, o hasta que se suavicen y se doren. Añade los granos de elote.

2 Mientras, bate los huevos con el perejil, la albahaca, la pimienta de cayena y pimienta negra. Vierte la mezcla en la sartén y cocina a fuego lento durante 10 minutos, o hasta que la base esté cuajada y dorada.

3 Mientras se cuece la frittata, precalienta la parrilla a temperatura media. Coloca la sartén bajo la parrilla y cocina durante 2-3 minutos, hasta que la cubierta se dore y la frittata esté bien cocida.

Porciones: 4

Nota: *Este platillo tipo omelet está relleno de verduras, así que lo único que necesitas para tener una comida balanceada es un poco de pan crujiente. Sírvela caliente o fría como parte de un almuerzo o un día de campo.*

Pasta cremosa con poros y zucchinis

Tiempo de preparación: 10 minutos **Tiempo de cocción:** 15 minutos **Calorías:** 462 **Grasa:** 8.5 g

285 g de pasta en moños o espirales, seca
1 poro grande, rebanado
55 g de chícharos congelados
4 jitomates
30 g de mantequilla
1 diente de ajo, machacado
2 zucchinis, en mitades y rebanadas
200 ml de crème fraîche
1 cucharada de puré de tomate
2 cucharadas de albahaca fresca, picada
pimienta negra
2 cucharadas de queso parmesano, recién rallado

1 Cuece la pasta según las indicaciones del empaque. Cuando esté casi firme, agrega el poro y los chícharos; cocina durante 2 minutos, hasta que se cueza la pasta y se suavicen las verduras. Escurre bien.

2 Mientras, pon los jitomates en un tazón, cúbrelos con agua hirviendo y déjalos reposar durante 30 segundos. Pélalos, quítales las semillas, pica la carne y resérvalos. Calienta la mantequilla en una sartén grande, añade el ajo y las zucchinis. Fríe durante 5 minutos, revolviendo con frecuencia, hasta que se doren ligeramente.

3 Baja la flama e incorpora la crème fraîche y el puré de tomate. Agrega el jitomate picado, la albahaca y pimienta; hierve a fuego bajo durante 5 minutos para que se caliente bien. Añade la pasta con el poro y los chícharos a la salsa y sirve con queso parmesano.

Porciones: 4

Nota: La pasta servida con una salsa sencilla es la idea que mucha gente tiene de la comida rápida perfecta. La albahaca fresca y el queso parmesano no te decepcionarán.

Pizza de coliflor, queso y champiñones

Tiempo de preparación: 10 minutos **Tiempo de cocción:** 20 minutos **Calorías:** 463 **Grasa:** 22 g

455 g de coliflor, en ramilletes chicos
1 cucharada de aceite vegetal
1 cebolla morada, rebanada
115 g de champiñones, rebanados
1 base para pizza de 30 cm crujiente
5 cucharadas de puré de tomate o salsa para pizza
115 g de queso Leicester rojo, rallado
1 frasco de 340 g de salsa de queso
pimienta negra
2 cucharadas de cebollín fresco, picado

1 Precalienta el horno. Coloca la coliflor en una olla, cúbrela con agua hirviendo y deja que vuelva a hervir. Tapa y hierve a fuego bajo durante 5 minutos, o hasta que esté tierna; escúrrela bien y regrésala a la olla.

2 Mientras, calienta el aceite en una sartén grande y fríe la cebolla durante 2 minutos, sin dejar de revolver. Agrega los champiñones y fríelos durante 2 minutos, sin dejar de revolver, hasta que se suavicen ligeramente, reserva. Coloca la base de la pizza en una charola para horno, úntala con la salsa para pizza o el puré de tomate y espolvorea el queso Leicester rojo.

3 Baña los ramilletes de coliflor con la salsa de queso y sazona. Con una cuchara, sirve la mezcla en la pizza y encima la mezcla de cebolla y champiñones; espolvorea con el resto del queso Leicester rojo y el cebollín. Hornea durante 15 minutos, o hasta que el queso empiece a fundirse y se dore.

Porciones: 4

Temperatura del horno 220° C, 425° F, Gas 7

Fideos de trigo sarraceno picantes

Tiempo de preparación: 10 minutos **Tiempo de cocción:** 10 minutos **Calorías:** 478 **Grasa:** 6.5 g

- 455 g de fideos de trigo sarraceno
- 1 cucharada de aceite de oliva
- 3 dientes de ajo, machacados
- 2 chiles rojos frescos, sin semillas y picados
- 200 g de hojas de arúgula, picadas
- 2 jitomates, picados

1 Cuece los fideos en una olla de agua hirviendo, según las indicaciones del empaque. Escurre, reserva y conserva caliente.

2 Calienta el aceite en una sartén. Agrega el ajo y cocina a fuego medio, revolviendo, durante 1 minuto. Añade el chile, la arúgula y los jitomates, cocina durante 2 minutos más, o hasta que se cueza la arúgula. Revuelve la mezcla de verduras con los fideos y sirve inmediatamente.

Porciones: 4

Nota: *Si no encuentras arúgula, puedes sustituirla con berros. Para tener una comida completa, acompaña con una ensalada verde y pan de trigo.*

Verduras fritas

Tiempo de preparación: 8 minutos + tiempo para reposar
Tiempo de cocción: 8 minutos **Calorías:** 371 **Grasa:** 2 g

- 100 g de champiñones secos
- 2 cucharaditas de aceite de ajonjolí
- 2 dientes de ajo, machacados
- 1 cucharada de jengibre fresco, rallado
- 1 cebolla grande, rebanada
- 1 pimiento rojo, en tiras
- 2 zanahorias, en rebanadas diagonales
- 225 g de brócoli, en ramilletes
- 3 tallos de apio, en rebanadas diagonales
- 315 g de elotitos de lata, escurridos
- 200 g de tofu firme, picado
- 2 cucharadas de salsa dulce de chile
- 2 cucharadas de salsa de soya
- 4 cucharadas de nueces de la India

1 Coloca los champiñones en un tazón y cúbrelos con agua hirviendo. Déjalos reposar durante 15-20 minutos, o hasta que se suavicen. Escúrrelos, si quieres quítales los tallos y rebana los champiñones.

2 Calienta el aceite en un wok o sartén, agrega el ajo, el jengibre y la cebolla; fríe a fuego medio durante 3 minutos, o hasta que se suavice la cebolla.

3 Añade el pimiento, la zanahoria, el brócoli y el apio; fríe durante 3 minutos más.

4 Agrega los champiñones, los elotitos, el tofu, la salsa de chile, la salsa de soya y las nueces de la India; fríe durante 1 minuto más. Sirve inmediatamente.

Porciones: 4

Crepas de espinacas

Tiempo de preparación: 8 minutos **Tiempo de cocción:** 20 minutos **Calorías:** 195 **Grasa:** 4.5 g

8 hojas de espinacas, picadas
1 taza de harina
4 huevos, ligeramente batidos
2/3 de taza de leche
30 g de mantequilla, fundida

Relleno de espinaca

2 cucharaditas de aceite vegetal
2 dientes de ajo, machacados
12 hojas de espinacas, picadas
1 taza de crema agria o yogurt natural
pimienta negra, recién molida

1 Para preparar las crepas, hierve o cuece en el microondas las espinacas. Escurre y exprime la mayor cantidad de líquido posible.

2 En un tazón, coloca el harina y haz un hueco en el centro. Agrega los huevos y un poco de leche, bate trabajando toda el harina. Incorpora la mantequilla y el resto de la leche, después vacía en las espinacas.

3 Vierte 2-3 cucharadas de la masa en una sartén de teflón de 20 cm, inclina la sartén para que la masa cubra bien la base. Cocina durante 1 minuto de cada lado, o hasta que se dore ligeramente. Reserva y conserva caliente. Repite el procedimiento con el resto de la masa.

4 Para preparar el relleno, calienta el aceite en una sartén, agrega el ajo y cocina a fuego medio, sin dejar de revolver, durante 1 minuto. Añade las espinacas y cocina durante 3 minutos más, o hasta que se cuezan.

5 Incorpora la crema agria o yogurt y pimienta al gusto. Sirve una cucharada de relleno en cada crepa. Dóblalas en cuatro y sirve inmediatamente.

Porciones: 6

Nota: Estas crepas llevan un delicioso relleno y lo mejor es que las sirvas inmediatamente después de prepararlas.

Berenjena y albahaca fritas

Tiempo de preparación: 8 minutos + 20 minutos para reposar
Tiempo de cocción: 10 minutos **Calorías:** 232 **Grasa:** 12 g

3 berenjenas, en mitades a lo largo y en rebanas de 1 cm de espesor
sal
1 cucharada de aceite vegetal
2 cebollas, en gajos delgados y capas separadas
3 chiles rojos frescos, picados
2 dientes de ajo, rebanados
1 tallo de limoncillo, picado, o
½ cucharadita de limoncillo seco, remojado en agua caliente para que se suavice
225 g de ejotes, sin puntas
1 taza de crema de coco
45 g de hojas de albahaca

1. Coloca la berenjena en el colador, espolvoréala con sal y resérvala durante 20 minutos. Enjuágala bajo el chorro de agua y sécala con toallas de papel.
2. Calienta el aceite en un wok o sartén a fuego alto, agrega la cebolla, los chiles, el ajo y el limoncillo, fríe durante 3 minutos. Añade la berenjena, los ejotes y la crema de coco; fríe durante 5 minutos, o hasta que la berenjena esté tierna. Agrega la albahaca.

Porciones: 6

Postres

"¿Qué hay de postre?" El desafío eterno; frío, esperado, relleno. No importa que tus cursos anteriores hayan sido alucinantes, la gente siempre quiere más. ¿Por qué no les cambias la jugada y dejas lo mejor para el final? Plátanos calientes bañados con caramelo; pastel de chocolate crujiente; dulce de durazno y moras, y bruleé de mango y queso mascarpone. Éstos son sólo ejemplos de lo que te espera. Sigue adelante y te aseguramos que la próxima vez que respondas qué hay de postre, las personas que preguntaron se quedarán sin palabras.

Copas de chocolate y mandarina

Tiempo de preparación: 15 minutos + 5 minutos para enfriar
Tiempo de cocción: 5 minutos **Calorías:** 390 **Grasa:** 33 g

100 g de chocolate, en trozos
200 ml de crème fraîche
4 cucharadas de yogurt natural
1 naranja, la ralladura
145 g de galletas digestivas bajas en grasa
1 lata de 315 g de gajos de mandarina, escurridos

1 Funde el chocolate a baño maría y déjalo enfriar durante 5 minutos. Agrégale la crème fraîche, el yogurt y la ralladura de naranja, pero reserva un poco de ralladura para adornar, y revuelve bien.

2 Pon las galletas en una bolsa de plástico y aplástalas con el rodillo. Divide la mitad de las galletas entre cuatro copas de postre y encima ponles una capa de chocolate.

3 Con una cuchara, agrega las mandarinas, pero reserva algunas para decorar, y encima sirve el resto de las galletas machacadas. Cubre con el resto de chocolate y adorna con el resto de las mandarinas y de la ralladura de naranja.

Porciones: 4

Nota: Jugosas mandarinas acompañan a la crema de chocolate con naranja y galletas machacadas para conformar un postre que va bien en cualquier ocasión, y que además es muy fácil de preparar.

Helado con salsa de chocolate caliente

Tiempo de preparación: 5 minutos **Tiempo de cocción:** 15 minutos **Calorías:** 291 **Grasa:** 15 g

- 30 g de cocoa en polvo, cernida
- 55 g de azúcar morena o mascabado
- 30 g de mantequilla
- 1 cucharada de miel
- 4 porciones de helado de vainilla

1. Coloca la cocoa en polvo y una taza de agua hirviendo en una olla chica, revuelve, y deja que hierva. Baja la flama y hierve a fuego lento durante 10 minutos, o hasta que se reduzca $^3/_4$, batiendo de vez en cuando con el batidor de globo.
2. Agrega el azúcar, la mantequilla y la miel; cocina durante 2-3 minutos, hasta que se fundan el azúcar y la mantequilla y la salsa esté brillosa.
3. Sirve el helado en cuatro tazones, baña con la salsa de chocolate caliente y sirve inmediatamente.

Porciones: 4

Nota: Esta salsa de chocolate se hace con cocoa en polvo, pero su sabor es tan rico y fuerte, que creerías que se preparó con chocolate de la mejor calidad.

Plátanos calientes con caramelo

Tiempo de preparación: 5 minutos **Tiempo de cocción:** 5 minutos **Calorías:** 248 **Grasa:** 15 g

1 cucharada de mantequilla
2 cucharadas de azúcar refinada
4 plátanos grandes, pelados y en 3 piezas cada uno
¼ de taza de doble crema

1 Para preparar el caramelo, coloca la mantequilla en una sartén grande a fuego medio. En cuanto se funda, vierte el azúcar. Cocina durante 1-2 minutos, o hasta que el azúcar empiece a burbujear y se vuelva oscura, cuida que no se queme.

2 Agrega rápido los plátano al caramelo y revuelve bien. Baja un poco la flama y cocina durante 1 minuto, o hasta que burbujee el caramelo. Incorpora la crema y revuelve durante 1 minuto más para que se mezcle bien y el plátano se cueza.

Porciones: 4

Nota: Los plátanos maduros cocidos y servidos con una espesa salsa de caramelo son el paraíso solos, pero si los acompañas con una o dos bolas de helado son mucho más tentadores.

Dulce de durazno y moras con cubierta de avena

Tiempo de preparación: 10 minutos **Tiempo de cocción:** 20 minutos **Calorías:** 316 **Grasa:** 11 g

225 g de fresas frescas
115 g de frambuesas frescas
1 lata de 400 g de rebanadas de durazno, escurridas
azúcar glas, para espolvorear

Cubierta
55 g de mantequilla fría o margarina, en cubos
225 g de harina
55 g de azúcar sin refinar
55 g de hojuelas de avena
1 naranja, la ralladura
1 cucharadita de canela molida

1 Precalienta el horno. Rebana las fresas y colócalas con las frambuesas y las rebanadas de durazno en un refractario grande.

2 Para preparar la cubierta, frota con la punta de los dedos la mantequilla o margarina con el harina, hasta que la mezcla tenga consistencia de migajas gruesas. Agrega el azúcar, el avena, la ralladura de naranja y la canela, revuelve bien. Con una cuchara, sirve la mezcla sobre la fruta.

3 Hornea durante 20 minutos, o hasta que la fruta burbujee y se dore la cubierta. Justo antes de servir, espolvorea con azúcar glas.

Porciones: 4

Nota: A esta crujiente cubierta de avena se le añadió ralladura de naranja para darle más sabor, debajo de ella hay una capa profunda de moras y rebanadas de durazno. Sirve con crema fresca o natilla bien caliente.

Temperatura del horno 200° C, 400° F, Gas 6

Tartaletas de hojaldre con mango fresco

Tiempo de preparación: 15 minutos **Tiempo de cocción:** 15 minutos **Calorías:** 389 **Grasa:** 24 g

30 g de mantequilla, fundida
mantequilla adicional, para engrasar
2 mangos chicos
255 g de pasta de hojaldre fresca
2 cucharadas de mermelada de chabacano
azúcar glass, para espolvorear

1 Precalienta el horno. Engrasa ligeramente una charola para horno. Con un chuchillo filoso, rebana las porciones gruesas del mango a ambos lados del hueso. Marca un patrón de cruz en la piel de cada pieza y divídela en cubos chicos, después empuja la cáscara hacia fuera y rebana los cubos.

2 Extiende la pasta de hojaldre sobre una superficie ligeramente enharinada y corta círculos de 12.5 cm con un molde para pasta. Con un molde plano de 10 cm, marca un aro en el interior de cada círculo, para hacer el borde. Coloca los círculos en la charola.

3 Unta el círculo interior con ½ cucharada de mermelada y encima sirve cubos de mango. Barniza ligeramente el borde de la pasta y el mango con la mantequilla fundida y hornea durante 15 minutos, hasta que se doren y estén crujientes. Deja enfriar unos minutos en una rejilla metálica y espolvorea con azúcar glas antes de servir.

Porciones: 4

Nota: *Las jugosas piezas de mango saben deliciosas en estas tartas sencillas. Pero puedes usar la fruta que quieras, aunque pícala bien y elige una mermelada que combine con su sabor.*

Temperatura del horno 220° C, 425° F, Gas 7

Galletas suaves de moras azules y chocolate

Tiempo de preparación: 10 minutos **Tiempo de cocción:** 20 minutos **Calorías:** 389 **Grasa:** 16 g

- 55 g de mantequilla o margarina, en cubos
- mantequilla o margarina adicional, para engrasar
- 145 g de harina
- 1½ cucharaditas de polvo para hornear
- 1 cucharadita de canela molida
- 85 g de azúcar morena
- ½ taza de leche entera
- 115 g de moras azules frescas
- 55 g de chispas de chocolate blanco

1 Precalienta el horno. Engrasa ligeramente una charola para horno grande. Cierne el harina, el polvo para hornear y la canela en un tazón. Con la punta de los dedos, frota la mantequilla o margarina hasta que la mezcla tenga consistencia de migajas gruesas; después agrega el azúcar.

2 Incorpora la leche, las moras azules y el chocolate, y revuelve, la masa debe estar pegajosa. Con una cuchara, haz ocho montículos de masa y colócalos bien separados en la charola; hornea durante 20 minutos, o hasta que se doren y estén esponjosas al tacto. Deja enfriar en una rejilla metálica durante unos minutos antes de servir.

Porciones: 4

Nota: Estas galletas estilo muffin saben mejor si se comen calientes, con una bola grande de helado. Si quieres un cambio, usa fresas picadas en lugar de moras azules.

Temperatura del horno 190° C, 375° F, Gas 5

Brûlèe de mango fresco y mascarpone

Tiempo de preparación: 15 minutos **Tiempo de cocción:** 5 minutos **Calorías:** 230 **Grasa:** 11 g

4 mangos maduros grandes
225 g de queso mascarpone
225 g de yogurt
1½ cucharaditas de jengibre molido
1 limón, el jugo y la ralladura
1 cucharada de ron blanco o añejo, opcional
6 cucharadas de azúcar mascabado
1 cucharada de mantequilla dulce
menta fresca, para decorar, opcional

1. Pela los mangos con el pelador de verduras, rebana la carne y pícala en un tazón, no desperdicies los jugos.
2. Bate con el batidor de globo o un tenedor el queso mascarpone con el yogurt; después agrega el jengibre, la ralladura y el jugo de limón. Añade el ron, en su caso.
3. Coloca el mango con su jugo en un refractario hondo de 18 cm, o divídelo entre seis moldes refractarios individuales. Encima ponle el mascarpone, espolvorea con el azúcar y la mantequilla. Refrigera hasta que vayas a servir.
4. Precalienta la parrilla temperatura alta. Asa el postre durante 4-5 minutos en el refractario, o 1-2 minutos en los moldes individuales, hasta que se doren y burbujeen. Deja enfriar durante 1-2 minutos, después decora con menta si quieres.

Porciones: 6

Nota: *¿Quién puede resistirse a esta combinación? Jugosas rebanadas de mango son cubiertas con cremoso mascarpone y yogurt con una cubierta de caramelo claro y crujiente.*

Fruta congelada con crema de chocolate blanco

Tiempo de preparación: 5 minutos + 1 hora para congelar
Tiempo de cocción: 5 minutos **Calorías:** 322 **Grasa:** 17 g

680 g de frutas rojas mixtas frescas o congeladas, como cerezas, frambuesas y fresas
290 g de chocolate blanco, en trozos
5 cucharadas de yogurt natural bajo en grasa

1 Si la fruta está fresca, ponla en un recipiente y congélala durante 1 hora. Si la fruta está congelada, déjala así.

2 Divide la fruta en tazones chicos. Pon el yogurt y el chocolate en una olla chica y cocina a fuego lento durante 5 minutos, o hasta que se funda el chocolate, revolviendo de vez en cuando y con cuidado de que no hierva. Baña la fruta congelada y sirve.

Porciones: 6

Nota: Fruta congelada cubierta con salsa de chocolate caliente que en algunas partes se enfría y se vuelve crujiente, y en otras se queda suave. Es una combinación inmejorable.

Pastel de chocolate de la abuela

Tiempo de preparación: 10 minutos + tiempo para acomodar **Tiempo de cocción:** 25 minutos + tiempo para rellenar **Calorías:** 776 por porción **Grasa:** 18 g por porción

- 115 g de mantequilla, ablandada
- 2 tazas de azúcar refinada
- 2 huevos
- 2 cucharaditas de extracto de vainilla
- 1¾ tazas de harina
- 2 cucharaditas de polvo para hornear
- ¾ de taza de cocoa en polvo
- 1 taza de suero de leche

Relleno de chocolate y crema agria

- 170 g de chocolate amargo, en trozos
- 115 g de mantequilla, picada
- 3¼ tazas de azúcar glas, cernida
- ½ taza de crema agria
- ¾ de taza de mermelada de frambuesa

1 Coloca la mantequilla, el azúcar, los huevos y el extracto de vainilla en un tazón y bate hasta que estén esponjosas. Agrega el harina, el polvo para hornear y la cocoa.

2 Incorpora la mezcla de harina, la leche y el suero de leche, alternadamente, en la mezcla de mantequilla. Divide la mezcla en cuatro moldes redondos para pastel de 23 cm engrasados y forrados con papel encerado; hornea durante 25 minutos, o hasta que los pasteles estén cocidos cuando los piques con un tenedor. Coloca los pasteles en rejillas metálicas para que se enfríen.

3 Para preparar el relleno, coloca el chocolate y la mantequilla en un tazón refractario y calienta a baño maría, revolviendo, hasta que la mezcla esté homogénea. Retira el tazón de la olla. Agrega el azúcar glas y la crema agria, revuelve hasta que esté homogénea.

4 Para armar el pastel, coloca un pastel en un platón, unta con la mermelada y encima pon parte del relleno. Coloca un segundo pastel, más mermelada y relleno. Repite el procedimiento hasta que se acaben los pasteles y la mermelada. Termina con una capa de pastel y úntale el resto del relleno en la parte superior y los costados.

Porciones: 1 pastel redondo de 23 cm

Temperatura del horno 180° C, 350° F, Gas 4

Galletas de café

Tiempo de preparación: 12 minutos + tiempo para acomodar
Tiempo de cocción: 12 minutos + tiempo para reposar **Calorías:** 129 **Grasa:** 5 g

115 g de mantequilla, ablandada
½ taza de azúcar glas, cernida
2 cucharaditas de café instantáneo disuelto en 1 cucharada de agua caliente, ya frío
2 tazas de harina, cernida
45 g de chocolate amargo, fundido
azúcar glas, para espolvorear

1 Coloca la mantequilla y el azúcar glas en un tazón, bate hasta que esponje. Agrega el café disuelto y el harina.

2 Con una cuchara, sirve la mezcla en una duya con boquilla en forma de estrella y haz círculos de 2 cm, ponlos en charolas para horno engrasadas. Hornea durante 10-12 minutos, o hasta que se doren ligeramente. Deja reposar en las charolas durante 5 minutos antes de ponerlas en la rejilla metálica para que se enfríen bien.

3 Une las galletas con un poco de chocolate fundido y espolvorea con el azúcar glas.

Porciones: 25

Nota: Estas galletas con sabor a café tienen una textura similar a los polvorones, por eso la masa puede meterse a la duya. Si quieres algo diferente, en lugar de círculos haz rectángulos de 5 cm. En lugar de unir las galletas con chocolate, déjalas así y espolvoréalas con azúcar glas.

Temperatura del horno 180° C, 350° F, Gas 4

Glosario

Ablandar: por ejemplo, gelatina, se rocía con agua fría y se deja aguadar, después se disuelve y se licua.

Aceite de ajonjolí oscuro (también conocido como aceite de ajonjolí oriental): aceite poliinsaturado oscuro con un bajo punto de ebullición, usado para sazonar. No se reemplaza con aceite de ajonjolí claro.

Aceite de cártamo: aceite vegetal que contiene la mayor proporción de grasas poliinsaturadas.

Aceite de oliva: varios grados de aceite extraído de las aceitunas. El aceite extra virgen tiene un sabor fuerte y frutal y es el menos ácido. El aceite de oliva virgen es un poco más ácido y tiene un sabor más ligero. El aceite de oliva puro es una mezcla procesada de aceites de oliva, es el más ácido y tiene el sabor más ligero.

Acremar: suavizar y hacer cremoso frotando con el dorso de una cuchara o batiendo con la batidora. Por lo general, se aplica a la mantequilla y el azúcar.

Adornar: decorar la comida, por lo general con algo comestible.

Agua acidulada: agua con un ácido, como jugo de limón o vinagre, que evita la decoloración de los ingredientes, en especial de frutas o verduras. El agua acidulada se prepara con 1 cucharadita de ácido por cada 300 ml de agua.

Al dente: término de la cocina italiana que se aplica a ingredientes que se cuecen hasta que se suavizan pero siguen firmes; por lo general se aplica a la pasta.

Al gratín: comida espolvoreada con pan molido, por lo general cubierta de salsa de queso y horneada hasta que se forma una capa crujiente.

Alholva: hierba pequeña y delgada de la familia de los chícharos. Las semillas se usan como especia. La alholva de tierra tiene una fuerte dulzura de maple, es picosa pero agria y huele a azúcar quemada.

Amasar: trabajar la masa presionando con el talón de la mano, al mismo tiempo que se estira y se dobla la masa.

Americano: método para servir mariscos, por lo general langosta y rape, en una salsa preparada con aceite de oliva, hierbas de olor, jitomates, vino blanco, caldo de pescado, brandy y estragón.

Antipasto: palabra italiana que significa "antes de la comida"; son carnes frías, verduras y quesos, generalmente marinados, que se sirven como entradas. Un antipasto típico puede incluir salami, jamón serrano, corazones de alcachofa marinados, filetes de anchoas, aceitunas, atún y queso provolone.

Asar a la parrilla: término que se usa para las parrilladas.

Bañar: verter en forma de hilillo sobre una superficie.

Bañar en su jugo: humedecer la comida mientras se cuece con los jugos o grasas que suelta.

Baño maría: una olla dentro de otra más grande llena de agua hirviendo para conservar los líquidos en punto de ebullición. Una vaporera doble hace la misma función.

Batir: revolver muy bien con fuerza.

Beurre manie: cantidades iguales de mantequilla y harina que se amasan juntas y se añaden, poco a poco, a los guisados o los estofados para espesarlos.

Blanc: líquido que se prepara añadiendo harina y jugo de limón al agua para que ciertas verduras no se decoloren al cocerse.

Bonne femme: platillos cocinados al estilo tradicional "casero" francés. El pollo y el cerdo bonne femme van acompañados de tocino, papas y cebolla baby; y el pescado bonne femme se prepara con champiñones y una salsa de vino blanco.

Burghul (o bulgur): tipo de trigo crujiente, cuyos granos se cuecen al vapor y se secan antes de molerlo.

Caldo: líquido que contiene sabores, extractos y nutrientes de huesos, carne, pescado o verduras.

Calzone: masa para pizza semicircular, relleno de carne o verduras, sellado y horneado.

Camarones pacotilla: son deliciosos si se comen solos. Son mucho más pequeños que los camarones comunes y los camarones gigantes. Son de sabor dulce, poca grasa y alto contenido de agua; son excelentes para cocteles.

Caramelizar: fundir azúcar hasta que se convierta en jarabe color café dorado.

Cernir: pasar una sustancia seca, en polvo, a través de un colador para retirar terrones y darle ligereza.

Champiñones: hongos pequeños, por lo general enlatados.

Chamuscar: flamear rápido las aves para retirar las plumas que llegan a quedar después de desplumarlas.

Chasseur: palabra francesa que significa "cazador"; estilo de cocina francesa en el que la carne y el pollo se cocinan con champiñones, cebollas de cambray, vino blanco y jitomate.

Clarificar: fundir mantequilla y escurrir la grasa del sedimento.

Condimentado: platillo o salsa ligeramente sazonada con ingredientes picosos como mostaza, salsa inglesa o pimienta de cayena.

Consomé: una sopa transparente hecha generalmente de res.

Cortar/cuajar: hacer que la leche o la salsa se separe y se convierta en sólido y líquido. Por ejemplo, las mezclas de huevos que se cuecen de más.

Coulis: puré líquido, generalmente de frutas o verduras frescas o cocidas, que puede verterse ("couler" significa derramar). El coulis puede tener una textura áspera o muy suave.

Couscous: cereal procesado de la sémola en bolitas, tradicionalmente al vapor y servido con carne y verduras en el clásico guisado del norte de África del mismo nombre.

Crucíferas: ciertos miembros de las familias de la mostaza, la col y el nabo con flores en forma de cruz y fuertes aromas y sabores.

Crudités: verduras crudas, cortadas en rebanadas o palitos que se comen solas o acompañadas de una salsa, o verduras desmenuzadas en forma de ensalada con un aderezo sencillo.

Crutones: cubos pequeños de pan tostado o frito.

Cubos: partir en pedazos pequeños con seis lados iguales.

Cubrir: tapar los alimentos cocinados con salsa.

Dar un hervor: hervir o dejar hervir hasta que esté medio cocido; por ejemplo, cocer más que al escaldar.

Descuartizar: cortar aves o pequeños animales en trozos pequeños dividiéndolos a través de las articulaciones.

Desengrasar: retirar la grasa de la superficie de un líquido. De ser posible, el líquido debe enfriarse para que se solidifique la grasa. Si no, retira la mayor parte de la grasa con una cuchara de metal grande y después saca con una toalla de papel los restos.

Desglasear: disolver los jugos solidificados o el glaseado que están en el fondo de una olla añadiendo un líquido, moviendo vigorosamente mientras el líquido suelta el hervor. Los jugos pueden usarse para hacer gravy o incorporarse a la salsa.

Desmenuzar: romper en trozos pequeños con un tenedor.

Disolver: mezclar un ingrediente seco con uno líquido hasta que se absorbe.

Dorar: freír en una pequeña cantidad de aceite hasta dorar.

Emulsión: mezcla de dos líquidos que no son solubles uno en el otro; por ejemplo, agua y aceite.

Encurtir: del verbo francés "confire" que significa conservar. La comida que se encurte, se cocina a fuego muy lento hasta que está suave. En el caso de la carne, como la de pato o ganso, se cuece con su propia grasa y se cubre con ésta para que no entre en contacto con el aire. Las verduras, como las cebollas, son muy ricas encurtidas.

Engrasar: frotar o barnizar ligeramente con aceite o grasa.

Entrada: en Europa se refiere a los entremeses; en América del Norte es el plato principal.

Escabeche: cubrir alimentos, en especial el pescado, con vinagre de vino y especias, y cocer a fuego lento. Los alimentos se enfrían en el mismo líquido. El escabeche le da un sabor acidito a la comida.

Escaldar: meter en agua hirviendo y después, en algunos casos, en agua fría. Las frutas y los frutos secos (como nueces, pistaches, almendras) se escaldan para pelarlos con facilidad. El término también significa enjuagar con agua hirviendo. Sin embargo, para la leche no se dice escaldar, sino simplemente calentar sin que llegue al punto de ebullición.

Escalfar: dejar hervir a fuego lento y ligeramente en suficiente líquido caliente, procurando conservar la forma del alimento.

Espesar: añadir maicena, harina de maíz o harina blanca mezclada con una cantidad igual de agua fría a una pasta aguada y suave; se vierte en el líquido caliente, se cuece, sin dejar de mover, hasta que se haga más gruesa.

Espolvorear: cubrir con una capa ligera de harina o azúcar glas.

Espumar: retirar la capa de la superficie, que por lo general son impurezas y espuma, de un líquido con una cuchara de metal.

Esquirlar: cortar en piezas largas y delgadas, por lo general se refiere a nueces, especialmente almendras.

Estofar: cocinar piezas grandes o enteras de aves, pescado, carne o verduras en una pequeña cantidad de vino, caldo u otro líquido en una olla tapada. Por lo general, el ingrediente principal se dora primero en aceite y después se cuece en el horno a fuego lento, o en la estufa a fuego muy lento. Al estofar carnes duras y aves viejas producen una salsa dulce y sustanciosa.

Fibra dietética: material de plantas que el cuerpo humano no digiere o digiere parcialmente, pero que ayuda a la buena digestión de otros alimentos.

Filete: corte especial de res, cordero, cerdo o ternera; pechuga de aves; pescado que se corta a lo largo de la espina dorsal.

Filete relleno: pieza de carne, por lo general cerdo o ternera, que se rellena, se enrolla y se estofa o se escalfa. El relleno también puede ser una mezcla dulce o aromática que se hornea como rollo suizo en una charola, se rellena con un relleno de sabores contrastantes y se enrolla.

Filetear: cortar en rebanadas largas y delgadas; por lo general se refiere a frutos secos, especialmente a las almendras.

Flamear: prender los alimentos con alcohol caliente.

Forrar: cubrir la parte interior de un molde con papel para proteger o ayudar a sacar la mezcla.

Freír: cocinar rebanadas delgadas de carne y verduras a fuego alto en una pequeña cantidad de aceite, moviendo constantemente para que el cocimiento sea uniforme y en poco tiempo. Tradicionalmente, se usa un wok, pero puede usarse una sartén resistente.

Fricasé: platillo en el que el pescado, las aves o las verduras se sirven con una salsa blanca o puré. En Inglaterra y Estados Unidos, el nombre se refiere a un platillo tradicional de pollo con salsa cremosa.

Fricción: método para incorporar la grasa al harina usando sólo las yemas de los dedos. También incorpora aire a la mezcla.

Fundir: calentar hasta volver líquido.

Galanga: miembro de la familia del jengibre, comúnmente se conoce como jengibre de Laos o Siamese. Su sabor es como de pimienta con toques de jengibre.

Gástrica: azúcar caramelizada desglaseada con vinagre que se utiliza en salsas dulces de fruta en platillos como pato a la naranja.

Glaseado: capa delgada de huevo batido, jarabe o grenetina, con la que se barnizan las pastas (como empanadas, pays, etc.), las frutas o la comida ya cocida.

Gluten: proteína del harina que se produce cuando se amasa la masa, haciéndola elástica.

Grasa total: ingesta individual diaria de las tres grasas que se mencionan a continuación. Los nutriólogos sugieren que las grasas no deben conformar más del 35 por ciento de la energía de la dieta.

Grasas monoinsaturadas: uno de los tres tipos de grasas que se encuentran en los alimentos. Se cree que no elevan el nivel de colesterol en la sangre.

Grasas poliinsaturadas: uno de los tres tipos de grasas que se encuentran en los alimentos. Están presentes en grandes cantidades en aceites vegetales como el de cártamo, girasol, maíz y soya. Estas grasas reducen el nivel del colesterol en la sangre.

Grasas saturadas: uno de los tres tipos de grasas que se encuentran en los alimentos. Existe en grandes cantidades en los productos animales, los aceites de coco y de palma; elevan el nivel de colesterol en la sangre. Como los altos niveles de colesterol pueden provocar enfermedades cardiacas, se recomienda que el consumo de grasa saturada sea menor a 15 por ciento de las calorías de la dieta diaria.

Gratinar: platillo cocinado en el horno o a la parrilla para que se le forme una costra dorada. Primero se espolvorea pan molido o queso encima. Los platos llanos para gratinar permiten que la costra se extienda mucho más.

Hacer cortes: marcar la comida con cortes, muescas o líneas para evitar ondulaciones o para que la comida se vea más atractiva.

Hacer hinchar: remojar en líquido o humedecer hasta que esté redondo e hinchado.

Harina sazonada: harina con sal y pimienta.

Hervor: cocer alimentos en un líquido que burbujea constantemente, justo antes de alcanzar el punto de ebullición para que los alimentos se cuezan a fuego uniforme y sin romperse.

Hojas de parra: hojas tiernas de la vid, de sabor ligero, usadas en la cocina étnica para envolver mezclas aromáticas. Las hojas de parra deben enjuagarse muy bien porque se envasan en salmuera.

Incorporar: combinar con cuidado una mezcla ligera o delicada con una más densa, con una cuchara de metal.

Infusión: sumergir hierbas, especias u otros saborizantes en líquido caliente para darle sabor. Las infusiones se preparan en 2-5 minutos, dependiendo del saborizante. El líquido debe estar muy caliente, pero no hirviendo.

Inglés: estilo para cocinar platillos sencillos como verduras hervidas. El assiette inglés es un platillo de carnes frías.

Jardinera: guarnición de verduras del jardín, comúnmente zanahorias, cebollas en escabeche, chícharos y nabos.

Juliana: cortar los alimentos en tiras muy delgadas.

Licuar: revolver muy bien.

Macerar: sumergir alimentos en un líquido para suavizarlos.

Marinada: líquido sazonado; por lo general, es una mezcla de ácido y aceite en la que se sumergen carnes u otros alimentos para suavizarlos y darles más sabor.

Marinar: dejar reposar la comida en una marinada para sazonarla y suavizarla.

Marinera: estilo italiano para cocinar que no requiere ninguna combinación particular de ingredientes. La salsa de jitomate a la marinera para la pasta es la más conocida.

Mariposa: partir un alimento por la mitad horizontalmente, de tal manera que cuando se abra parezca alas de mariposa. La chuletas, los camarones grandes y los filetes de pescado gruesos por lo general se cortan así para que se cuezan más rápido.

Media salsa: líquido en el que se cuecen pescado, aves o carne. Por lo general consiste en agua con hoja de laurel, cebolla, zanahorias, sal y pimienta negra recién molida al gusto. Otros aditivos pueden incluir vino, vinagre, caldo, ajo o cebollas de cambray.

Mezclar: combinar ingredientes revolviéndolos.

Moler: convertir en trozos muy pequeños.

Montar: batir rápido, incorporar aire y producir expansión.

Nizardo: guarnición de jitomates, ajo y aceitunas negras; típica ensalada con anchoas, atún y chícharos.

Noisette: "nuez" pequeña del corte de cordero que se obtiene de la parte del lomo o pedazo que se enrolla, se amarra y se corta en rebanadas. También significa dar sabor con avellanas, o cocinar la mantequilla hasta que obtenga un color café dorado.

Normando: estilo de cocinar el pescado, con guarnición de camarones, mejillones y champiñones en salsa cremosa de vino blanco; en el caso de las aves y la carne, la salsa es de crema, calvados y manzana.

Olla grande de hierro o de barro: cazuela resistente con tapadera que por lo general está hecha de hierro fundido o barro.

Olla no reactiva: olla cuya superficie no reacciona químicamente con los alimentos. Los materiales usados son: acero inoxidable, esmalte, vidrio y algunas aleaciones.

Papillote: cocinar en papel encerado o papel aluminio engrasado con aceite o mantequilla. También es un papel decorativo que cubre los extremos de los huesos de las chuletas y de los muslos de las aves.

Partir/picar: cortar en trozos grandes, por lo general los jitomates.

Paté: pasta de carne o de mariscos que se usa para untar en galletas o totopos.

Pelar: retirar la capa exterior.

Potecito individual para horno: plato para horno pequeño redondo u ovalado.

Pulmones: pulmones de animal, que se usan en varios platillos con carne como patés y albóndigas.

Pulpeta: rebana delgada de carne, ave o pescado, rellena y enrollada. En Estados Unidos se conoce también como "rizo" y en Inglaterra "ratón".

Puré: pasta suave, por lo general de frutas o verduras, que se obtiene al pasar el alimento por un cernidor o coladera, o al molerlo en la licuadora o el procesador de alimentos.

Quemar: dorar la superficie muy rápido a fuego alto.

Rábano daikón (también conocido como molí): rábano japonés largo y blanco.

Ragout: tradicionalmente un guisado muy condimentado que contiene carne, verduras y vino. Hoy en día, el término se aplica a cualquier guisado.

Ralladura: capa exterior delgada de los cítricos que contiene el aromático aceite cítrico. Por lo general, se obtiene con un pelador de verduras, o con el rallador se separa de la piel blanca y amarga que está debajo de ella.

Ramito de hierbas de olor: ramito de hierbas, generalmente formado por ramitas de perejil, tomillo, mejorana, romero, laurel, granos de pimienta y clavos de olor, amarrado en una tela y se usa para darle sabor a los guisados y estofados.

Rebozar: cubrir con una capa delgada de harina, azúcar, frutos secos, pan molido, semillas de ajonjolí o de amapola, azúcar con canela, o algunas especias molidas. Cubrir con un ingrediente seco, como harina o azúcar.

Reconstituir: devolver la humedad a los alimentos deshidratados remojándolos en líquido

Reducir: cocinar a fuego muy alto, sin tapar, hasta que el líquido se reduzca por evaporación.

Refrescar: enfriar rápido comida caliente, ya sea bajo el chorro del agua o sumergiéndola en agua helada, para que deje de cocinarse, sobre todo las verduras y de vez en cuando los mariscos.

Remojar: sumergir en agua o líquido frío para suavizar la comida y eliminar sabores fuertes o impurezas.

Revolver: mezclar ligeramente los ingredientes con dos tenedores o con un tenedor y una cuchara.

Rizos: ver pulpeta.

Rosca: mezcla dulce en forma de círculo.

Salsa: jugo derivado del ingrediente principal que se cocina, o la salsa que se añade al platillo para realzar su sabor. En Italia, el término generalmente se refiere a la salsa de la pasta; en México, el nombre se aplica a salsas crudas que se sirven como acompañamiento, sobre todo de totopos.

Salsa de nata: guisado blanco de cordero, res o pollo rebozado en yemas de huevo y crema, acompañado de cebolla y champiñones.

Salsa rubia: base para salsas que se hace con harina y mantequilla u otra sustancia grasa, a la que se le añade líquido caliente. Esta base para salsas puede ser blanca, rubia u oscura, dependiendo de cómo se haya cocinado la mantequilla.

Saltear: cocinar o dorar en una pequeña cantidad de grasa caliente.

Sancochar: hervir o dejar hervir hasta que esté medio cocido: es decir, cocer un poco más que al escaldar.

Sopa de pan: mezcla de rellenos y bolitas de masa, sobre todo croquetas, generalmente de pasta de hojaldre o simplemente pan molido. Una sopa de pan también puede hacerse con crema de almendras, puré de papa o arroz.

Sudar: cocinar comida picada o rebanada, por lo general verduras, con un poco de grasa y sin líquido a fuego muy lento. Se coloca un pedazo de papel aluminio encima para que la comida sude en sus propios jugos, comúnmente antes de añadirla a otros platillos.

Suero de leche: producto lácteo ácido y bajo en grasa; su ligera acidez lo hace ideal para marinar aves.

Sugo: salsa italiana hecha del líquido o del jugo extraído de la fruta o de la carne durante su cocción.

Tachonar: adornar con clavos de olor enteros, por ejemplo, el jamón al horno.

Timbal: mezcla cremosa de verduras o carne horneadas en un molde; también es una fuente de horno en forma de tambor.

Untar con mantequilla: untar mantequilla suave o fundida.

Vinagre balsámico: vinagre suave, muy aromático, a base de vino, que se hace en el norte de Italia. Tradicionalmente, este vinagre se añeja durante 7 años en una serie de barricas hechas de diferentes maderas.

Vinagre de arroz: vinagre suave y aromático, menos dulce que el vinagre de sidra y no tan fuerte como el vinagre de malta destilado. El vinagre de arroz japonés es más suave que la variedad china.

Pesos y medidas

Cocinar no es una ciencia exacta, no requieres de básculas bien calibradas, pipetas, ni equipo científico; sin embargo, en algunos países, la conversión a medidas métricas y sus interpretaciones asustan a muchas personas.

En las recetas, se dan pesos para ingredientes como carne, pescado, aves y algunas verduras, pero en la vida real unas cuantos gramos u onzas de más o de menos no afectan el éxito del platillo.

Aunque las recetas se probaron usando la medida estándar australiana en la que 250 ml equivalen a 1 taza, 20 ml a una cucharada y 5 ml a una cucharadita, funcionan exactamente igual en el sistema estadounidense y canadiense donde 8 fl oz son una taza, y en el inglés donde 300 ml equivalen a una taza. Usamos cantidades en tazas medidoras con graduación en lugar de las medidas con cucharadas para que las proporciones siempre sean las mismas. En las recetas donde se incluyen medidas con cucharadas, las medidas no son cruciales, así que si se usa la medida de una cucharada inglesa o estadounidense que es más pequeña, el éxito de la receta no se verá afectado. Cuando menos, la medida de la cucharadita es igual en todas partes.

En el caso de panes, pasteles y pays, el único problema que podría surgir es cuando la receta incluye huevos, porque las proporciones pueden variar. Si trabajas con una taza de 250 o 300 ml, usa huevos grandes (de 65 g/2¼ oz), añadiendo un poco más de líquido a la receta de 300 ml, si lo consideras necesario. Usa huevos medianos (55 g/2 oz) si tu medida es de 8 fl oz. Se recomienda el uso de un juego de tazas y cucharas medidoras, sobre todo las tazas cuando se trate de medir ingredientes secos. Recuerda nivelar esos ingredientes para que la cantidad sea exacta.

Medidas inglesas

Todas las medidas son similares a las australianas, salvo dos excepciones: la medida de la taza inglesa es de 300 ml/10½ fl oz, mientras que la medida de taza americana y australiana es de 250 ml/8¾ fl oz. La cucharada inglesa (cucharita australiana) mide 14.8 ml/½ fl oz, en comparación con la cucharada australiana que es de 20 ml/¾ fl oz. La medida imperial es de 20 fl oz una pinta, 40 fl oz un cuarto y 160 fl oz un galón.

Medidas americanas

La pinta americana mide 16 fl oz, un cuarto equivale a 32 fl oz y el galón a 128 fl oz. En la medida imperial, una pinta, un cuarto y un galón equivalen a 20 fl oz, 40 fl oz y 60 fl oz, respectivamente. La cucharada americana es de 14.8 ml/½ fl oz, la cucharadita es de 5 ml/⅙fl oz. La medida de taza es de 250 ml/8¾ fl oz, igual que la australiana.

Medidas secas

Todas las medidas se nivelan; así que cuando llenes una taza o una cuchara, nivélala con el borde de un cuchillo. La escala de equivalencias que se presenta a continuación es "el equivalente del chef", no es una conversión exacta de las medidas métricas a las imperiales. Para calcular la medida exacta, multiplica las onzas x 28.349523 para obtener los gramos, o divide los gramos entre 28.349523 para sacar las onzas.

Métrico gramos (g), kilogramos (kg)	**Imperial** onzas (oz), libra (lb)
15 g	0.33 oz
20 g	0.5 oz
30 g	1 oz
55 g	2 oz
85 g	3 oz
115 g	4 oz/0.25 lb
125 g	4.5 oz
140/145 g	5 oz
170 g	6 oz
200 g	7 oz
225 g	8 oz/0.5 lb
315 g	11 oz
340 g	12 oz/0.75 lb
370 g	13 oz
400 g	14 oz
425 g	15 oz
455 g	16 oz/1 lb
1,000 g/1 kg	35.3 oz/2.2 lb
1.5 kg	3.33 lb

Temperaturas del horno

Las temperaturas en grados Celsius que se dan en este recetario no son exactas, se redondearon y sólo sirven como guía. Sigue las instrucciones del fabricante y aplícalas a la descripción que se da en la receta. Recuerda que la parte superior de los hornos de gas es la más caliente; la parte inferior de los hornos eléctricos y los hornos de convección con ventilador, por lo general se calientan uniformemente. Se incluyeron indicadores de temperatura para hornos de gas, que podrían ser de ayuda. Para convertir de ° C a ° F, multiplica los ° C por 9, divide el resultado entre 5 y súmale 32.

	°C	°F	Gas
Muy lento	120	250	1
Lento	150	300	2
Moderadamente lento	160	325	3
Moderado	180	350	4
Moderadamente caliente	190-200	370-400	5-6
Caliente	210-220	410-440	6-7
Muy caliente	230	450	8
Súper caliente	250-290	475-500	9-10

Medidas en taza

Una taza es igual a los siguientes pesos:

	Métrico	Imperial
Almendras, fileteadas	85 g	3 oz
Almendras, partidas, molidas	125 g	4.5 oz
Almendras, enteras	155 g	5.5 oz
Manzanas, secas, picadas	125 g	4.5 oz
Chabacanos, secos, picados	190 g	6.75 oz
Pan molido, paquete	125 g	4.5 oz
Pan molido, suave	55 g	2 oz
Queso, rallado	115 g	4 oz
Trozos de chocolate	155.5 g	5 oz
Coco, seco	90 g	3 oz
Hojuelas de maíz	30 g	1 oz
Pasas	155.5 g	5 oz
Harina	115 g	4 oz
Fruta seca (mixta, pasas sultanas, etc.)	170 g	6 oz
Jengibre, cristalizado, glaseado	250 g	8 oz
Miel, melaza, miel maple	315 g	11 oz
Ralladura	225 g	8 oz
Frutos secos (nuez, pistache, cacahuate), picados	115 g	4 oz
Ciruelas pasa, picadas	225 g	8 oz
Arroz, cocido	155 g	5.5 oz
Arroz, crudo	225 g	8 oz
Avena	90 g	3 oz
Semillas de ajonjolí	115 g	4 oz
Mantequilla, margarina	225 g	8 oz
Azúcar, morena	155 g	5.5 oz
Azúcar, granulada o refinada	225 g	8 oz
Azúcar, glas cernida	155 g	5.5 oz
Germen de trigo	60 g	2 oz

Medidas de longitud

Algunos todavía tenemos problemas para convertir la longitud imperial a métrica. En la siguiente escala de equivalencias, las medidas se redondearon a números más fáciles de usar y más adecuados. Para obtener el equivalente métrico exacto al convertir pulgadas a centímetros, multiplica las pulgadas por 2.54, 1 pulgada es igual a 25.4 milímetros y 1 milímetro equivale a 0.03937 pulgadas.

Medidas de moldes para pastel

Métrico	15 cm	18 cm	20 cm	23 cm
Imperial	6 in	7 in	8 in	9 in

Medidas de moldes para pan

Métrico	23 × 12 cm	25 × 8 cm	28 × 18 cm
Imperial	9 × 5 in	10 × 3 in	11 × 7 in

Medidas de líquido

Métrico mililitros (ml)	Imperial onza líquida (fl oz)	Taza y cuchara
5 ml	0.16 fl oz	1 cucharadita
20 ml	0.66 fl oz	1 cucharada
30 ml	1 fl oz	1 cucharada + 2 cucharaditas
55 ml	2 fl oz	
63 ml	2.25 fl oz	
85 ml	3 fl oz	¼ taza
115 ml	4 fl oz	
125 ml	4.5 fl oz	½ taza
150 ml	5.25 fl oz	
188 ml	6.75 fl oz	¾ taza
225 ml	8 fl oz	
250 ml	8.75 fl oz	1 taza
300 ml	10.5 fl oz	
370 ml	13 fl oz	
400 ml	14 fl oz	
438 ml	15.5 fl oz	1¾ taza
455 ml	16 fl oz	
500 ml	17.5 fl oz	2 tazas
570 ml	20 fl oz	
1 litro	35.3 fl oz	4 tazas

Medidas de longitud

Métrico milímetros (mm) centrímetros (cm)	Imperial pulgadas (in), pies (ft)
5 mm, 0.5 cm	0.25 in
10 mm, 1.0 cm	0.5 in
20 mm, 2.0 cm	0.75 in
2.5 cm	1 in
5 cm	2 in
7.5 cm	3 in
10 cm	4 in
12.5 cm	5 in
15 cm	6 in
18 cm	7 in
20 cm	8 in
23 cm	9 in
25 cm	10 in
28 cm	11 in
30 cm	12 in, 1 pie

Índice